U0870920

教育为了什么

叶圣陶 著

CNS | 湖南人民出版社 · 长沙

出版说明

叶圣陶先生从事教育近八十年，可以说他的一生与教育“形影不离”。在其漫长的教育生涯中，叶圣陶先生在实际工作中不断探索教育之路，为教育呐喊发声，总结出了诸多具有生命力和穿透力的教育理念，如“教育的一切目的，就是使人人受到充实自己、发展自己的教育”“教育是什么？往简单方面说，只须一句话，就是要养成良好的习惯”“教任何功课，最终目的都在于达到不需要教”等。因此，将这些闪烁着叶圣陶先生思想之光的教育智慧汇集成篇，聆听他关于教育的深刻见识，传承好教育的“接力棒”，会为当前教育工作者的前行之路注入新的动力，筑起新的灯塔。教育是一项需要持续经营的系统工程，我们希望能与叶圣陶先生跨越时空并肩同行，担当起属于我们的那一份推动教育发展的责任。

需要说明的是，不同历史时期的语言文字有其特定的风格和特质，基于此，为最大程度原汁原味地呈现原文文本，同时也出于对作者行文习惯的尊重，本书对原文文字尽量保留原貌。

限于编者水平，难免挂一漏万，还望读者朋友不吝赐教、批评指正，在此谨表谢忱。

目录

篇一 教育的目的：为人生而教育

教育与人生 003
读书和受教育 008
“学习”不只是“记诵” 013
小学教育的改造 018
受教育的与改革教育 041
受教育跟处理生活 044
知识本位与考试本位 047
不相应的“因”与“果” 050
革除传统的教育精神 052
“享受” 056
升学与就业 059
何必升学 062
“生活教育”——怀念陶行知先生 066
新精神 069

不应单纯追求升学率 073
吕叔湘先生说的比喻 077

篇二 素质教育：培养良好的习惯

当前教育工作中的几个问题 081
毕业会考跟学生健康问题 086
关于青年的修养 089
改善生活方式 093
五足年了 105
德目与实践 109
充实的健全的人 113
略谈音乐与生活 117
改革艺术教育 120
享受艺术 123
敬告在校青年 127
德智体三育 130

学生守则 133
“非重点” 136
暑假期中 139
体育·品德·美 145
我呼吁 149
关于思想品德课 154
作文和做人 157

篇三 家庭教育：言传身教

儿童观念之养成 161
父母的责任 164
成功的喜悦 169
啼　声 171
献给做父母的 180
“双双的脚步” 185
纯乎其纯 190

做了父亲 195
一个中学生的父亲的自杀 200
儿童年与儿童读物 204
青年是不忧不惧的 209
今年的“儿童节” 212
跟高小和初中毕业同学的家长谈谈 216
带点儿教育意味的事都一样 224

篇四 自我教育：“为己”的教育

为了达到不需要教 231
“为己”——给青年同学 232
自 学 236
自己受用 238
立志自学 241

篇一

教育的目的：为人生而教育

教育的一切目的，就是使人人受到充实自己、发展自己的教育。

教育与人生

在讨论教育与人生的问题之前，我们先看什么是教育，什么是人生。

教育的意义究竟是什么？许多人认为，教育是“成熟的人对未成熟的人，以一定的目的方法使能自觉”。这种说法固然不能说不对，但总有些空泛。又如杜威所谓“教育即生活”，舒新城所谓“教育是启进人生的活动，其目的在于为社会创造自立的个人，为个人创造互助的社会；其方法在利用社会的（自然环境及社会环境）刺激，使受教育者自动解决问题，创造生活”（见《教育通论》）。这些理论也偏于空疏，没有切实道破具体的教育的意义。

我以为教育应该指学校教育而言。所以教育是用学校作为工具，把旧有的知识系统传授给继起的青年，使他们养成一种适合于既成社会的人格，以维持和发展这个社会。

所以教育是人类获得生存资料和经营生活的一种工具。教育本身并非目的，而是工具。这种工具，大而言之可以挽救国家社会，小而言之可以指导个人，改造个人的错误，实现个人的本能，它的作用是很大的。

人生的意义是什么？所谓“人生”，系包括人类的物质生活和精神生活而言。各人对于人生的见解，就是所谓“人生观”。

认为人生是快乐的，就是快乐的人生观；认为人生应该献身于国家与社会的，就是责任的人生观。各人的环境不同，着眼点各异，因而各人的人生观亦不一致。学校教育的目的就在于使学生养成正确的人生观，因而不能不注意教育与人生的关系。

教育与人生的关系，大致有后列三点。

一、以教育认识自己。天下最可怜的事情莫过于自己不认识自己。有的人因为不认识自己的缘故，走入歧途，一切堕落，事业不得成功，甚至危及生命，这是何等的危险。

认识自己有两方面：一为自己的主体，或称“自我”；一为自己的环境，或称“外物”或“客体”。单是自我，不会有正确的认识；单是被认识的客体，也不能认识自己：必须明白了主体与客体的关系，认识了环境，方能认识自己。所以我们首先要认识的就是我们的环境。我们的行动与环境发生密切的关系：环境有支配或决定人生的力量，同时又有引诱人生入于某种途径的力量；我们受种种外物的支配和引诱都是必然的，不是偶然的。所以要认识了我们的环境，我们的行动才会有目标有意义，不至于成为盲目的不正当的行为。

在认识环境之后，应当认识自己的本身。认识自己的本身，最主要的是自己的地位。一个人能否尽自己的责任，就以认识自己的地位与否为先决的条件。各个人的地位本来是环境的反映，但是对付这个环境因人而不同，不是机械的受其支配而已。所以对于环境，就有能否适应的分别。所谓适应，既非屈从，又非反抗，乃是恰当利用环境之谓。要利用环境，除了认识环境之外，第一要注意自己所处的地位，第二是自己的能力，第三是自己的能力在所处的地位能够发挥的作用。所以环境的认识和自我的认识都是必要的。

认识客体的环境和自我主体的地位，不是一件容易的事情，必须有相当的知识学力，才能辨别是非，分清黑白。这当然是教育的责任了。教育不仅要增加学生的知识学力，同时要引导学生走入正轨，使其了解世界的大势，本国的情状，以及学生所负的使命和个人所处的地位。

二、以教育革新自己。既然认识了自我与环境，就应当从事于革新自己。革新可以分两个方面来说。

一方面是铲除一切障碍物，如虚荣心、怠惰心，等等。一般人很容易受这些魔力的支配，自己不能节制自己，这是人类本性上的缺陷。但人类的本性也具有许多优点，如仁爱、求知，等等。我们应当发扬自己的长处，铲除这些短处。

另一方面是革新过去的错误观念。我们认识了环境和自己的地位，就应当铲除以往的错误观念，向新的路线上走去。一个人总有自己的人生观和宇宙观。较进步的人对社会更有认识，这种种认识，构成了人类行为的基础。我们在认识了环境和自我之后，对这种种当然会有相当的认识。在我们的本能中虽然有除旧布新的成分，同时也有迷恋过去的成分，所以革新过去的错误观念，便非常重要了。

要铲除一切障碍物，革新过去的错误观念，必须在教育上下功夫。因为怎样铲除虚荣心、怠惰心，如何革新错误观念，是要以教育力量为原动力的。

三、以教育成就自己。由认识自己而革新自己，由革新自己而成就自己，是一种自然的步骤。如何才能达到成就自己的目的呢？这当然有研究的必要。我以为应当按照自己的所长和所好去成就自己。譬如性情爱好理科的，就可以在理科方面努力；爱好文学或政治经济的，就可在文学或政治经济方面努力。这样作去，是很容易成功的。要使人们都能够这样成就自己，非借助于教育不可。可见教育对于人生所负的责任，真是不小。

以上三件事，无论缺了哪一件，很难成为健全的分子。今后的教育应当从这三件事着手，尤其对于中学生，更应当特别训练。希望负有教育责任的人注意。

1934 年 5 月 12 日发表

读书和受教育

儿童开始进小学，中学毕业生考上了大学，都说是去读书。“读书”是个通常的说法，大家说惯了，随和地说说也无妨，可是决不能信以为真，看得太死。如果信以为真，看得太死，学生本身大吃其亏自不必说；而且吃亏的范围非常之广，并不夸张地说，简直是整个社会，整个国家。

所以谁都要辨别清楚，学生上学，随俗地说是去读书，正确地说可不是去读书，是去受教育；受教育是上学的全部意义和整个目的，读书是受教育的一种手段。为什么说是“一种”手段？因为除了读书还有其他手段。

受教育的意义和目的是做人，做社会的够格的成员，做国家的够格的公民。想到“做”字，就可以悟出光记住些什么是远远不够的。必得把某些精要的东西化为自身的血肉，养成永久的习惯，终身以之，永远实践，这才对于做人真有用处。

无论是谁，从各级各类学校出来之后还得受教育，大学生和研究生毕了业并非受教育的终结。那时候哪儿去受教育呢？从社会各方各面都可以受教育，只要自己有要受教育的坚强意愿。这就是自我教育，简化地说就是“自学”。自学能力的强或弱根据在校时候所受教育的好或差。假如在校时候常被引导向自学方面前进，学生有福了，他们一辈子得到无限好的受用。而且，不但他们自己，社会和国家也得到无限大的利益。不怕他人嗤笑，我简直要外行地说，所有各级各类学校以及补习、进修的机构的主要职能，全都在引导来学的人向自学方面不断进展。

我说这句外行话源于两点意思。一点意思是，所有做人的必需的东西非常之多，教不尽的，各种教育机构只能取其重要的，作为例子来教。来学的人如果学一光知一，不能举一而反三，受益就不多。所以教了一，同时要引导来学的人能够反三：这就是引导他们自学。再一点意思是，学了什么如果光能守住什么，即使一丝一毫没遗漏也是不够的。不妨试想一下，要是半坡村人光知守而不知变，要是咱们的先民全都光知守而不知变，那么直到今天，茫茫神州还是不计其数的半坡村，哪会有灿烂光昌的中华人民共和国？所以执一不二，光知守而不知变，不求变，不善变，是极不适宜于做人之道的，尤其是在多变激变的二十世纪八十年代。这就给各种教育机构规定了必须担当的任务，在教育来学的人的同时，要特别注意引导他们知变，求变，善变，有所改革，有所创新：这就是引导他们自学。

一辈子坚持自学的人也就是一辈子自强不息的人。不难想象，这样的人不断增多，社会和国家将达到何等繁荣昌盛的境界。

因此，教师特别致力于引导学生善于自学，绝不是越出了教师的职责，绝不致贬低了教师和尊严。正相反，我以为唯有能这样做的教师才够得上称为名副其实的教育家。

现在来说读书。因为这篇拙作谈的是学校教育的事，姑且只说课内的读书，不说读课外书。课内的书就是各科的课本，也叫教科书。

不妨先设一问：为什么要有各科的课本？

我想，回答应该是这样：做一个够格的人，必须懂得许多事物，明白许多道理，实践许多好行为；可是事物不能全部直接接触，道理不能一时马上渗透，好行为不能立即正确实践，因而只能写在课本里，以便间接接触，从容揣摩，积久成习。学生读课本并非目的，真能懂得事物，真能明白道理，真能实践好行为，才是目的。

这三个“真能”极为重要。学生果真“真能”了，才是真正受到了教育。另外一种情形，要是学生能把课本读熟，考试的时候能按课本对答无误，可是跟三个“真能”却有或大或小的距离，那就成问题了。问题是学生在受教育的意义上有或大或小的亏缺。所以致此，或由于课本的编写失当，或由于教师的教学欠妥，或则二者兼之。因此，我诚恳地祝愿编者和教师，你们在编写和教学的时候务必注意到学生的三个“真能”，同时还要注意到引导学生向自学方面进展，终身做得到三个“真能”。

四十年前，一位同事编小学课本，要说明蒸汽机能带动列车是怎么一回事。他写得很辛苦。一改再改，总不满意。他把稿子给我看，我看过后说，小学生念了这篇课文，恐怕对蒸汽机还是不甚了了。要是学校里有个蒸汽机的模型，酒精灯一点燃，活塞一推动，孩子们看了就大致懂得蒸汽机了，这篇课文也就不用写了。要是当地有火车站，火车站的站长容许孩子们爬上机车去看一看，那就懂得更清楚了。

看蒸汽机的模型开动，或者爬上机车去看一看，都是直观。直观是受教育的又一种手段。我想，无论什么学校总要尽可能让学生直观，光凭一堆课本总有不足之嫌，直观就是跟事物直接接触，因而容易懂得，容易明白其中的道理。学校里能有动植矿标本室、理化实验室、图书阅览室（那里的书不是课本了）、实习工场、种植园地之类，当然最好。如果经费不充裕，小规模的设备有一些总比完全没有好。地方上如果有动物园、植物园、博物馆、天文馆、地质馆、科技馆、图书馆等等，自当组织学生去参观学习。此外如工厂参观，农村访问，社会调查，假期旅行，也是使学生从直观中受到教育的好途径，不必细说。

还有一问，要使学生“真能”实践好行为，有没有直观的门径呢？我说有。其一，教师以身作则，事事处处为人师表，这就是学生最亲切的直观。其二，让学生多接近各方面的先进模范人物，也是极为有益的直观。

1983 年 7 月 5 日作，刊 10 月 24 日香港《大公报·星期论文》，署名叶圣陶。

“学习”不只是“记诵”

跟教师们谈话，常听说学生考试作弊的故事。跟青年们谈话，在浑忘尔我，不需警戒的当儿，也常听说考试时候怎样“打 pass”，怎样看夹带的叙述。据我所知，考试作弊跟学校教育同时存在；我小时候，新式学校初办，就听见一些投身学校的“洋学生”谈他们应付考试的“作弊技巧”。其实，在兴办学校教育以前，作弊技巧早就很高明了；我曾见寸把见方的皮纸抄本，真是蝇头细字，抄的是五经经文跟注，预备缝在衣服里，带进试场去应科举的。推想起来，大概有了考试制度就同时发明了作弊技巧。往后想去，考试制度存在一天，也许作弊的事情就一天不会断绝吧。

现在学校里的作弊技巧，最干脆的是把教科书带进试场去，待题目揭出的时候，就把教科书摊在大腿上，翻看与题目相当的书页。此外就是把纲要写在小纸片上，或者用铅笔写在砚台的底面、桌面以及身旁的窗槛上，随题查看，就写上试卷。我知道所有当学生的未必个个都干过这个勾当，但是一个学生在校十多年，一定会见着同学间干过这个勾当。至于当教师的，如果服务年期不太短暂的话，一定会或多或少地见着学生做这种并不愉快的把戏。

处置这种把戏，看教师的脾气跟学校的政策而有不同。有些教师怕麻烦，见了只当没见，乐得让试卷好看些，这就一点事儿也没有。有些教师把发见了的夹带检出，记下那学生的名字，将来扣分数。教师报告到学校当局，学校当局为惩戒起见，至少得记一个过。有些学校认为这是欺骗，在品德上是不可恕的罪恶，一经发见，立即“悬牌除名”。

学生作弊当然是学生不好。但问题并不这么简单。临考试需要带教科书抄夹带，岂不是表示所谓“学习”，实在只等于“记诵”？因为记诵不了那么多，于是偷偷地准备着，以便临时查看。临时查看而不被发见，实际不曾记诵的居然得以冒充已经记诵，这自然是对教师对学校的欺骗，在品德上是大缺点；可是尤其紧要的却在把“学习”认作“记诵”，这个错误观念牢记在心，学生自身将一辈子学不到什么。那些不需要作弊的学生天君泰然地跑进试场，写完试卷交上去，结果是七十分、八十分，他们在品德上自然一无缺失；可是，他们不过没有冒充已经记诵而已，再露骨一点说，他们不过把教科书之类带在心里头去应试而已，如果考过之后不久就忘掉那些记诵了的，实际还不是跟靠着夹带应试的一样地落空？并且，考过就忘掉确是极普遍的情形。“学过的一些东西都还给老师了”，常常有人说这样的话。读者诸君也可以问问自己，你们的史地成绩理化成绩曾经得到过七十分、八十分，现在你们对于史地对于理化的了解还值得七十分、八十分吗？如果作不来肯定的回答，那就是还给老师了。取了来又还掉，跟自始没有取（指那些临时作弊的人），实际并无两样。为什么取了来又会还掉？这由于取之不以其道，把“学习”认作“记诵”。

我国真正的学者都看不起记诵之学，因为学问是个人分内的事，为己的事，记诵之学却移到外面去了。这并不是说不要多所记诵，乃是说记诵不过是个开端，跟着就得把记诵的东西融化在生活里，成为精神上的血肉，唯其如此，记诵一分就得一分益处；若认记诵为终极的目的，不使它跟生活发生关系，那就记诵虽多，无多益处。学校里的各种科目，学生为什么要学习呢？如果说，“学习了这些东西，记在心头，挂在口头，足以表示我是个有知识的人”，那简直可以不必学习。必须认定一切科目都是所以充实我们的生活的，才会诚心尽力地从事学习。如果到了诚心尽力的地步，那么试卷上做到七十分、八十分还不以为满足，须要生活受用上，也可以到七十分、八十分才有点儿惬意，又哪里肯使用作弊的手段应付考试，以欺骗教师欺骗学校，归根结底却欺骗了自己？

把“学习”认作“记诵”，不是学生自己的不是，乃是历来整个教育方法所造成的结果。各学科常常孤立起来，这科跟那科不相应，这科那科又跟实际生活不相应；这自然使学生觉着入校学习的目的就在记诵这些各自孤立的科目。教学的进行又只限于教科书的范围，教科书上讲到的，得记诵，教科书上没有讲到的，就绝对不去触着它；所谓学习的工作又不出于理解教科书，抄写关于注解教科书的笔记，甚至劳作的科目也还是读教科书，抄笔记，而不必真个动手去劳作；这自然使学生以为书是目的而不是工具，读书是学生命定要做的事而不是关涉到实际生活的事。再看考试方法，教科书上说我们中国的面积有若干方里，十字军的兴起有若干原因，考试题目就是“我国面积如何？”“十字军之兴起，原因有几？”。学生依照书上说的对答，就是满分；这岂不是明明告诉学生，你们的工作就是死记教科书，死记之外，再没有你们的事了？整个的教育方法如此，学生若不把“学习”认作“记诵"，才是怪事呢。

关心教育的人提出种种意见，指明我国教育在某某方面需要改良。我想最急需改良的是整个教育方法，决不可继续已往的错误，叫学生只做记诵之学。方法的改良又有待于认识的转变，要知道现代的学习决不是记诵之学所能了事；记诵之学，好一些可以造就门门都是甲等的“优等生”，坏一些就造就品德有亏的“作弊专家”。可是决不能造就生活充实的国民；而现在这个时期，正在开始建国大业，需要生活充实的国民比任何时期都迫切。从事教育的人如果没有这一点认识，一切劳力都是白费。

受教育的学生也该认识这一点，记诵不过是个开端，跟着就得把记诵的那些东西融化在生活里，成为精神上的血肉。否则，成绩虽好，只是分数单上好看，于自己并无实益；成绩不好，勉强要他好，至于运用作弊技巧，更是极度的自暴自弃。

1943年7月29日作，刊《中学生》战时月刊67期，署名圣陶。

小学教育的改造

以前的小学教育的任务是什么？我们不希望得到一个像“教育儿童”这样的笼统的回答。于是我们留心观察以前的担任小学教育事业的人，看他们持的什么见解。我这里所说的“以前”，指的是中国自办学校起直到今日。我不能知道中国教育界的整个情况，我常接触到的只不过是百数十位小学教师和数十个小学校，然而我从所谓的“视察报告”“参观笔记”中留心观察，也可以说知道个十之五六了。就从这十之五六来看（虽不能说是全部，然而是多数的），中国的小学教育事业立足在哪一种任务观念上，或是或非，或当或不当，就有可以注意和评论的价值。

一般担任小学教育事业的人，以为儿童所需求于学校的，是取得前人的知识和克制自己的德行。他们又以为知识是可以授予的，德行是可以勉强修炼的。所以小学教育的任务就是把知识授予儿童，勉强儿童修炼德行。授予知识的方法，便是诵习古人思想行为的记录。诵习纯熟，疏解明白，便算是得到了知识的本体了。修炼德行的方法，是使儿童将平时的习惯嗜好一概摒弃，另外过一种一言一行都须顾虑的符合玄虚抽象的概念的生活；能够耐得下过得惯这种生活的，便算是有德行了。对于古人的记录能悉数容受，对于这种特殊生活能身体力行，便是成绩最好操行最好的学生。那么，传授记录最明白，督促诵习最勤恳，责备儿童过这特殊生活最谨严的，当然就是最尽职的教师了。他们以为这个观念一定是不错的，这等方法又是万世不变、放之四海而皆准的。除了这个任务，小学教育就没有别的责任了。有时儿童对于知识竟不能容受，对于特殊的生活竟不能成为习惯，他们便非常恼怒，以为自己对于学生可谓倾诚竭力，无以复加了，而学生竟不体谅他们的苦衷，承教之后丝毫不产生影响，这不是学生的罪过吗？于是加以训斥和种种惩罚，幽闭，留级，甚至开除。惩罚之后，这些儿童如果仍旧在学校里受教育，教师还是照样只管授予知识，只管勉强儿童修炼德行。好像学校是一个模型，儿童是一种物质。玻璃厂里的做瓶子的模型，一定要把玻璃装进去才能成器，把泥土装进去是成不了玻璃瓶的，所以玻璃厂不要泥土。学校对于儿童也是如此。你若是个不中式的儿童，学校就认为是不能成器的，不合制造之用，定必将你剔出。

小学教育立足在前面所述的任务观念上，出现了什么结果呢？我见到许多进过小学的儿童，觉得他们并没有从受教育上得到什么幸福。其中也有学行真不差的，然而这样的儿童并不普遍，这就不能说是小学教育的效果。从社会的整体来观察，也看不出从小学教育上得到了什么进步。倘若一般儿童都不进学校，从儿童个人来看，从整个社会来看，也不过如此。这并非过激之词，试把许多受过教育的和没受过教育的人混杂在一起，若从某些零碎的知识看，或许可以分辨出谁受过教育，谁不曾受过教育；若从真的知识作为观察的着眼点，恐怕就很难加以区分了。

以前的小学教育没有效果，一定是任务观念有不惬当之处。为什么会有不惬当之处？因为担任小学教育事业的人把人生看得太简单太机械了。他们以为人生的种种行为，只不过是各不相关的表现，把这些各不相关的种种逐一学会，便是人生的真义。他们根据这个观念去教学生，列举出德目和科目来，向学生讲明这是什么意义，那该怎样修炼，有时还真个引导学生去学习。讲到教师的职务，便分出训导、教授、管理三大项，哪一事属于哪一项，划分得非常清楚，似乎彼此之间全不相关。这种设想是否谬误，只消看看我们的生活实际是否和它相应，就可以得到答案了。我们无论做什么事，未做之先总有一种需求，这就是目的；以为目的达不到，便是非常的缺憾；唯有朝着目的做去，觉得越来越接近目的了，兴趣也就自然来了；这样越做越有兴趣，结果便是成功。在这个过程中，几曾想到这样做才符合德目所称的“勤”和“毅”？几曾想到为了要有“勤”和“毅”的德，我们才这样做？

德目对于儿童来说，是绝对不会发生兴趣的。成人有着牢固的成见，不能自己破除思想里笃古尊贤的偶像，才会对德目产生病态的兴趣，并且成为种种德目的牺牲。教师把儿童当作固守成见的成人一样看待，真可谓“拟不于伦”了。把教师的职务划分为训导、教授、管理，从儿童的发展来看也不切合自然。教师预存着划分的观念，于是在教授的时候，只想着我此刻的职务全在于知识的传授，此外如养成良习、陶冶性情，都非所问。在训导的时候，只想着我此刻的职务全在于诏告善言，免去恶德，此外如事务的经验与技术的修炼，悉非所及。这样做去，前者何异于贩卖的商贾？后者何异于传教的牧师？至于管理，计划事务的设置，稽核学生的功过，倘若离开了教育的本旨，便像商家的会计和社会上的警察了。教师既然如此，儿童的感觉会怎样呢？他们觉得一件一件零碎的知识，硬要他们理解、记忆、练习；然而这些知识并不是他们感到需要的，因而不发生兴趣；只为了教师谆谆督责，从旁逼迫，他们才不得不去理解它，记忆它，练习它。临了去考查他们，他们还并未真个理解，对他们的生活，影响非常之少。因为这样的授受，最好的结果也不过使儿童理解了教师的教授罢了。教师所教授的并不是切合人生的事事物物，儿童并不感到缺少这些知识的困苦，对这些知识自然无所需求，怎么会发生兴趣呢？教授怎么会得到成功呢？他们聆受教师训诲之时，只听得教师说："你们应当这样！""遇到什么时候，你们应当怎样做去！"他们可能会想："我们觉得什么事有兴趣，高兴做就做了，你们所说的遇到什么的时候，我们什么时候才会遇到呢？即使遇到了，要先从脑子里去寻找教师说过的应当怎样做去才去做，岂不麻烦累事吗？"如果儿童提出这样的疑问，我们不能认为毫无理由。也许他们并不提出这样的疑问，只觉得教师的训诲是枯寂的，虚玄的，拘束的，因而不加理会。也许由于特种的原因，他们早已养成了信仰教师的习惯，因而恪守教师的训诲，把教师的训诲作为立身之本，那么最吃亏的就是儿童本身了。

以前担任小学教育事业的人，又把儿童的心理看得太简单太机械了，认为认识、联想、练习、应用等等都是各自独立的事，相互没有联络，没有整统的关系。他们无论教什么东西总是段落分明，按步循序，以为认识的时候只是认识，和联想等等无关；在联想的时候只是联想，也和其他无关。其实，无论儿童和成人，他的一思一动，总是心灵和机体的复杂活动。研究心理的时候固然不可不细细分析，按诸实际，哪有一件事像教师教儿童专练什么这样单纯？认识的时候，就是应用旧有的经验的时候；练习的时候，就是得到新的认识的时候；这其间参互错综，果就是后者的因，因还是前者的果，不必分开，也无法分开。如果要勉强划分阶段，以为按步循序，儿童便可以得到真的知识，其弊病就在于不顾整体的统一，忽略了根本。我不得不说这是个劳而无功的方法。

前面的两节说的是教师对于人生没有真实明确的观念：自己不明白人生的究竟，也就不明白儿童的究竟。换一句话说，便是不明白使儿童怎样才算真好。又因为不明白儿童的心理，所设计的德目和科目，以及教育步序方法，往往成为徒劳。而要明白儿童的究竟和儿童的心理，教师非先自觉不可。

教师在没有自觉之前，他羡慕往古，务求侔合，他的人生观只不过是一种虚玄的抽象的观念。这样的观念只能供空幻的默想，影响到行为，便成为笼统、散漫、迷信种种现象，都成事不足，败事有余。有许多人以为人生的究竟只是要生活，这固然不错，然而怎样改善生活，使生活永远继续下去，他们就不去研究了。还有一些人什么都不想，对于人生的究竟从未形成观念，那就更没有可说的了。但是人生终究是实际的，不是虚玄的；生活终究是希望改善和永远继续下去的，不是随时敷衍而是需要有意识的。如果"胡天胡帝"，人生还有什么价值。儿童受了教师的影响，他们的人生也就没有什么意思了。又，教师的训导、教授、管理，既不能引起儿童的兴趣，然而他们那欢喜观察、玩弄、仿效等本能，却仍然要随处发泄的，不在这里就在那里，如果不从合理而系统的路走去，就跑到了散漫无归的荒野。也有一些儿童，他们的本能薄弱，仿佛孱弱的种子，发出的芽细弱可怜，若不加培壅，等不到开花结果先就枯萎了，滋长发荣的本能就此永远埋没了。本能薄弱的儿童接受那不明白儿童心理的教育，就和这细弱的幼芽一样。——可知以前的小学教育，对于儿童没有积极的效果，消极的影响却随处皆是。

以前的教师有时也考察儿童受教育之后，有没有得到实际的效益；谁知一经考察就得了五个字："他们不好学。"因而想，儿童不好学，或者由于他们不懂得功课的效益的缘故，于是细细地给他们讲这科有什么效益，那科有什么用处。又怕他们虽然很愿意得到这等效益，而没有途径，目的难以达到，于是学这科学那科的方法一一给他们讲个明白。这样试验了一番，哪里知道并没有好结果，他们的不好学依然如故。其实，这样的推想本身有两层谬误。第一，以为我们对于一件事物所以能达到"好之"的地步，一定因为羡慕它的效益，贪图它的用处；却不曾想到其中还有解决疑难和应付环境等种种兴趣。第二，以为儿童的心理和习性，和深谋远虑的成人是没有区别的；成人对于事物力求精研，往往有为着未来的功利目的，便以为儿童的心理和习性大约也是如此。实则儿童的各种举措哪里为了什么未来的效益和功利？他们头脑里无所凭借，几曾忽然定出个预计表，而后才有举措？逢到疑难当前，他们只想去弄明白，去应付，所以他们只管自己玩弄，抚摩，观察，试验，在成人看来也许觉得可笑，而他们却有无上的乐趣。他们从解决疑难得到了快感，就欢呼跳跃，继续练习。因为对任何事物都有兴趣，他们就肯练习，新的经验就逐渐增多了。这是真的效益和功利，但是他们何尝先定下个预计表？可知儿童的不好学，一定是学校里的设施不能引起他们玩弄、抚摩、观察、试验的动机，因此不能使他们产生快感，结果就是使他们不高兴去练习。

我们且去考查一下小学校里的设施。我先说人们有一种弊病，凡是一种制度，大家受到了利益，就觉得这是最好的了，必须永远保存下去，不再想还有没有更好的，能使大家受到更大的利益。这种弊病，是从“凡是成立的制度都含着真理”这个概念来的。不知任何制度所以建立，只因为当时可以使大家得到更多的利益，自然就认为是真理。时代向前推移，世事发生了变易，先前的制度就不能满足人们的欲望了，当然应弃去旧的，别寻新的制度。然而一般人却普遍地保守着先前的制度，不肯有所更改，以为仍旧可以满足现在的欲望，这是何等的顽固！以前的小学制度是当年比较有益的，也并非最好的，然而后人仍保守着，当作千古不变的定则。其中最显著的便是教室制度和用书制度。

许多事理往往非常浅显，而且眼前即是；人们看它过分平常，因而不加注意，于是总绕着纡远的道路，行那不切实际的方法。拿知识的获得来说，只不过是欲望、兴趣和努力相连续的结果。孩子看见人步行，非常艳羡，于是本着他的足的本能，努力学步，后来竟自己能走了。只有自己能走了，才可以算知道了走的意义，具备了走的知识。其实任何知识的获得，都与孩子学走一样。以前的教师以为这是孩子的状态，不适用于引导他们成为成人；学走路的过程，不适用于求知识：于是认为过去传下来的制度才是切当的授予知识的方法，哪里知道成人正是孩子的发展，求知识和学步的情形原来是一样的。

教室制度的好处，就在于节省教育的人力和时间，论它的起源，还由于宗教的遗制。于是历世相传，凡是学校都有教室，仿佛是天经地义。大家不想一想：这是最妥当的办法吗？除此之外，有没有更妥当的办法不使儿童受到牺牲，而能收到节省人力和时间的效果呢？我们试想，使欢喜活动的儿童离开了他们玩弄、抚摩、观察、试验的环境，坐在教室里，所占的地位不过一桌一椅，所见到的东西不出于一室之外，所接触的事物就是某某科目，这不是一种特异的拘束的境界吗？在教室里进行教授，教师即使能注意启发，引起旧观念，授予新事物，然而为什么一定要在规定的时间内，提出儿童没有预想到的事物来讨论呢？对于没有预料到的事物即使认真去讨论，哪里及事物当前，自己用思想去应付它那样亲切有味呢？即使有实观教育，得以验证，哪里及在实际生活中遇到事物，自己设法去试验它证实它那样有兴趣呢？在教室里是学习的时候，仿佛出了教室就不是学习的时候了。在教室里须要应用学习得来的知识，仿佛出了教室就不必应用学习得来的知识了。为什么会造成这样的印象呢？就因为教室是一种特异的拘束的境界。虽然并没有向儿童明说，然而事实如此，早已在暗地里默默诏示他们了。

书籍的效用在于传授以往的成绩，流布个人的思想。用书制度的好处，就在于使学生知道这些成绩和思想，并备遗忘。世间倘若没有什么新的发现和发明，把人类的思想行为一一保留在书籍中，那么读书当然是重要的事。但是知识的获得并不专靠读书，读书不过是种种学习方法中的一种罢了。我们为了研究事物，应付事物，为了备自己参考，省却妄费心思，于是去读书。可见读书是一种手段，并不是最后的目的。以前的人对于书籍的概念非常模糊，以为书籍便是知识，所以要得到知识只消读书，于是学校里就有了用书的制度。儿童进了学校，就觉得唯一的重务便是读书，但是不知道读书为的什么。久而久之，自己的生活，实际的事物，他们都淡忘了，心里就只有书籍了。儿童受到这样的陶冶，怎么能不走到知行不能合一的道路上去呢？也有能够知行合一的人，他们多是出了学校之后，从实际生活的经验中自己觉悟过来的。他们的心力全用在书籍上，或者注释，或者讲解，或者记忆，或者议论，自己只处于客的地位；有时也关合到自身，影响到生活，然而不过是摹拟书上所说的罢了。为什么会这样？因为这些知识并不是从实际的经验中得来的。真要收到知行合一的好结果，必须使儿童从实际中获得知识。书籍是非用不可的，是必需的，但是只宜于用来帮助思考，而不应该当作绝对的不可争议的结论。书籍中的种种结论，不是不可以用来做学习的材料，而且正是要使儿童获得的材料，但是怎样获得这些材料，必须让他们自己去经验；倘若经验之后，结论和书籍不同，其中的是非曲直还当诉诸事实，不当盲从书籍。总而言之，学校宜使儿童多多接触实际事物，使他们随处觉得有兴趣，随处可以研究，他们就随处可以获得切己的利益。学校里多备书籍固然是很好的事，但应当摆在图书室里，而不把书籍特定为儿童每天必须接触的东西，这样才能使书籍的权威不超出于实际事物之上。儿童要解决疑难，满足欲望，自己去观察试验，这和查考书籍一样重要。有人以为诵习了书籍，再用事物来做实证，也未尝不是什么办法。不知道我们是为了解决实际的事物才去运用书籍的，不是为了书籍上怎样说，才去找相巧的事物来做证明。所以实际事物是主，书籍是宾。如果照那些人的说法，就是主和宾换了位置，根本的观念先已谬误，还会有什么好结果呢？

儿童在进学校之前，自有他们的生活；进了学校，自然是继续他们的生活。所以两者必须顺着一个方向，不过在质的方面有所不同，便是学校生活比以前的生活合理而有系统。他们将来出了学校，终其一生，把学校生活所得的经验作为基础去应付事物，这才收到了学校教育的效果。倘使儿童一进学校，就把他们关闭在教室里，只让他们诵习书籍，他们的生活境遇可以说骤然改变了。生物的境遇改变了，能渐渐变化以求适应；儿童的境遇骤然改变，他们也会渐渐改变生活，适应那新的境遇。但是这种适应和深谷里的鱼变为盲鱼一样，是一种消极的倾向。学生出了学校，人家以为他们有知识了，他们也以为自己有知识了，实则上真实的知识，不知道究竟得到了百分之几。他们把活动的心性和丰富的兴趣，白白地埋葬在教室和书籍里头了。

有了用书的制度和教室的制度，就不得不分科目来教儿童。与实际生活相比较，就觉得科目的划分有简单和支离的缺憾。学校里选定了若干科目来教授儿童，教者以为儿童一定要学习了这许多东西，方算是一个有知识的人。所以只要进了学校，不管你需要不需要，有兴趣没有兴趣，这些科目是非学习不可的。科目之外，关系人生的事物还有许多，这许多事物因为和日常的事物混在一起而无法区分，就没有列为专门的科目，就够不上教授的价值。儿童倘若在科目之外另有需要的事和感兴趣的活动，因为没有定在科目之中，在学校里只得舍弃而不去弄它。学校里只顾选定现成的科目，叫儿童来凑合，来购买，只为了教者的方便，哪里肯顺着儿童的需求来规定种种设施呢？不妨请教师自己来省察省察，这几个科目能把实际生活中的事物包括得尽吗？这几个科目都是合理而且有系统的吗？只要学习了这几个科目，就能应付人生的种种事物了吗？这种划定科目的教授方法，主客易位，不切实际，能不使知识和实际背道而驰吗？对这几个问题如果不能回答个“不”字，那么可以概括断定：划分科目的方法将使儿童误会科目就是他们的目的。这个误会深入于儿童的心中，科目的价值也就极其微薄了，因为既然把各种科目看作独立的目的，科目的价值自然只限于科目的自身了。若问学生为什么要学习这一科目，他就回答，因为这是一种科目：学历史的原因就因为有历史这一科目，学算术的原因就因为有算术这一科目。科目各个独立，没有共同的出发点，支离破碎，没有相互联络之处，不切合人生的应用，并无实用的价值，儿童何苦耗费心力去学习这等没用的玩意儿呢？

话已经说了很多，现在把上面的意思扼要提纲，再叙述一遍：担任小学教育事业的人，他们的任务观念只在将知识授给儿童，还勉强儿童修炼德行。教育立在这个观念上，得不到良好的效果。这个观念的由来，是没有了解人生的真义，又没有明白儿童的心理。这样的教育“非徒无益，而又害之”，会使儿童受到许多恶影响，其中最显著的就是不好学习，无从得到真知识，不能理会人生的价值。造成这个结果的原因，从方法上讲便是教育的设施不得当，如教室制度、用书制度和分科制度。

我们要使小学教育得到真实的效果，必须先弄清楚以前的种种谬误，把以前的见解和态度尽行抛弃，求个彻底的改造。要知道以前的见解和态度，并不是一定不可以变更的，只要真诚地观察批评，种种谬误自然会显露出来，于是我们就有一种新的要求；有了要求，运用我们的思想可以得到新的经验和知识。这新的经验和知识，其价值就在于支配我们的行动，帮助我们作出计划，使小学教育得到真实的效果。

第一，我们要明白新的人生观应当是怎样一种观念。我们的生活离不开社会，没有社会，我们个人就非常痛苦。这个社会，由于许多人欲求相同，利害相同，感情相同，才组合起来，做一致的有秩序的向前推进的行动。社会和个人的关系密切，不可分割：个人的功利便是社会的福祉，社会的进步就是个人的快乐。既然如此，我们就应该根据自己的才知和能力，做那直接有益于社会的事。然而这也不单为社会，同时为了自己；因为社会进步了，自己便能成为更高尚、更合理、更幸福的人。又因为我和他人的欲求、利害、感情都相同，彼此相助，力量就愈大，收益就愈宏，所以我们尊重我们的伴侣，赞助我们的伴侣。彼此永永相助，社会永永进步，人类方始可以得到圆满的、普遍的、永久的快乐。

担任小学教育事业，便是一种帮助儿童、尽力社会，并有益于自己的活动。然而要使给予儿童的帮助确属有用，要使社会的幸福确有增进，要使自己对于本分确无遗憾，不是担任了就行，还得认清教育事业的意义。小学教育的意义，概括地说来，便是使儿童在行为上得到新的人生观。要达到这个目的，须承认人生必须是自觉的，自动的，发展的，创造的，社会的，而以教育做手段，使学生养成这种种品德和习惯，以至于达到最高的高度。那玄虚的、抽象、仿效、克制、被动的人生观，当然不是现代人所应当具有的，当然不能拘守着作为教育的出发点。

小学教育的意义既然认识清楚了，第二，我们就要想一想：知识究竟是什么？求知识的动机由于需求，没有需求，便得不到知识。所谓需求，就是满足现在的欲望，达到愉快的境地，所以知识是帮助我们计划、支配我们行动的。我们的行动要有意义，计划要收到效果，非有知识不可。我们不是先有了知识，才有计划有行动的。知识的价值全在于即知即行，当时应用。以前的教育叫儿童学习知识技能，预备着他们将来应用，所以儿童在学习的时候就很不高兴。为什么会这样呢？就因为不是他们当前所必需的。教师说："你们有了知识，可供将来应用；你们修炼品德，预备将来进入世间生活。"儿童就会想："我们现在难道不生活在世间吗？现在和将来的分界线在哪里呢？现在的所作所为原来只是预备，那么都可以不算数吗？到了将来，就可以什么都不用预备了吗？”这等怀疑影响到实际，便是没有学习的诚意。如果改变以前的见解，认定儿童的现在就是他们整个人生的一部分，他们现在的所作所为，就需要他们自己去应用知识方能完成，那么他们在当前的环境中有所需求，自然会自己去研究，寻求出道理和办法来，还会自己去试验这些道理和办法是否切合实用，来证实它们的价值。经过这样的研究和试验，他们得到的便是真的知识。试问真的知识有不能支配行动，不和行为合一的吗？

教师有什么可以授予儿童的呢？除却物质的东西可以授受，属于精神方面的知识是谁也不能授予谁的。因为知识是求知者主观的欲望和兴趣的结晶体，离开了求知者的主观便无所谓知识，所以知识只有自己去求，别人的知识只能由别人去应用，我不能沾他的一些光。教师的真知识终究是教师的，与儿童没有关系；教师用语言和文字将古人的和自己的经验一一传授给儿童，即使这些经验千真万确，毫无疑义的，也不一定能使儿童得到真知识。因为这许多经验在教师固然已心领神会、亦知亦行了，在儿童也许不觉得需要，不发生兴趣。如果这样，这许多经验就不会加入儿童的知识的总和。儿童总要在他们的实际生活中有所需求，自己去研究解决的办法，还要自己证实过，经验过，才会得到真的知识。有时他们听讲看书，却不立即信从别人的经验；而运用自己的推想力去寻求实证和实验，最后得到了和听到的看到的相同的结果，这也是他们的真知识。但是这等情形不一定常常遇到，总要自己实际经验实际证实，才能得到真个理解。

我们既然认定知识不是可以传授的，那么对于儿童，我们决不能将现成的知识装进去，而要使儿童自己做将出来；不是使儿童学习了现成的知识，预备应付将来的事物，也不是使他们只为了有知识而去求知识，而是使儿童从事物中寻求真知识，并用真知识来支配他们的行动。儿童遇到事物，发生了求知识的动机，于是亲自去观察，去试验，结果，他们对于这事物得到了一宗新知识，他们在生活中就有了一个新趋向。这种活动创造的能力，什么时候什么地方都用得着，这才是怎样做人的根本方法。学校教育能注重这一点，学生就能不断创造，以谋社会的进步。他们何尝有为了有知识而求知识的观念呢？何尝觉得自己做了求知识这样一件特别的事呢？

知识的由来既如上面所述，那么第三，我们就要想一想：怎样可以让儿童经常有求知识的动机？要讨论这个问题，先要说明一下本能、欲望和兴趣。儿童都有他们的本能，在粗心的教师看来，这没有什么意义，有时还加上一个“无意识”的评语，表示厌恶和不屑道。其实本能正是教育的原料，如果不加以陶铸，对于人生不产生价值，所以无所谓善恶。如果能引导，没有一种本能，没有积极的倾向，不过有的比较容易陶铸成良好的品德，有的比较难一些罢了。教师如果能留心儿童的本能，便可以在教育上找到扼要的手段，随时获得新的经验和知识。儿童的某一本能倘若有善的倾向，便应该设法使他们尽量发展，渐渐成为有意识的习惯；倘若有恶的倾向，便应该设法引导他们转向积极，不使造成恶的结果。阻遏决不是正当的方法，如果将儿童的各种本能阻遏净尽，教育就失去了原料，那还有什么教育？

欲望是人生活动的原动力。欲望的起源由于感到缺陷。渡水不得，便想造船；致远累事，便想造车；推而广之，便是哲学科学，哪一件不是从弥补缺陷起源的。儿童的活动逾越常规，就因为他们对环境感到新奇，非常羡慕，于是引起了求知求行求享受的欲望。顺着他的欲望的趋向，作为教育的入手方法，使他们如愿以偿，才是教育者最应当尽力的事务。顺着他们的欲望，并不是使他们纵欲肆志，而是不加摧残，不与违拗，引导他们满足欲望，归结到合理而有系统的道路上去。他们的欲望有时是不应达到的，或者是扰乱秩序的，这也不可以遏止（无论何人，欲望受到遏止将会何等懊丧！），最好用替代的方法以求补救。他们有了替代的欲望，不蹈空虚，不生恶果，终于得到了满足，那是何等的安慰，何等的快活！倘若为了维持秩序，不想个替代的方法，只一味遏止，秩序固然维持了，却断丧了他们活动的原动力，实在得不偿失。

兴趣是我们生命所寄托着的。一个人的世界，不能大于他兴趣所及的范围，唯有这个范围方是他内在的真实的世界。在他所感兴趣的范围以外，固然有许多事物围绕着他，但是他视若无睹，听若不闻，对他来说，可以说实际上并不存在。平常大家以为，我们的环境便是围绕我们的一切事物的总和，其实我们所寄托的只有我们经验过的一部分事物罢了。所以人的生活，以他的兴趣所及的事物来划定广狭远近的范围。一个人兴趣所及的事物很少，那么他的生活就非常狭小浅近。以前的小学教育，较好的也不过求教授有趣味，至于儿童是否真有兴趣，他们就不管了。他们这样做，怎么能不收到儿童的人生非常狭小浅近的结果呢？今后的教育要着力于扩充儿童兴趣所及的范围，并使他们养成终身的习惯。一个人影响他人的能力的大小强弱，多半靠他自己的兴趣的多少和深浅。无论何人，如果要影响他人，必须同情和了解他人的兴趣所在。所谓同情和了解，就是从他人的观点去看当前的事物。所以教育者需要扩充自己的兴趣范围，更需要真切了解儿童的兴趣可能及到的范围。

要使儿童经常有求知识的动机，须要根据他们的本能、欲望和兴趣，想方法来引导他们的本能，顺应他的欲望，扩充他们的兴趣。教育者要尽这许多义务，仿佛戏台上值场面的人，把种种事物都安置妥当，但是怎样表演怎样说白，还要让演员自己去做。教育是有最终的目的和价值的准绳的，教育者的义务便是使儿童得到合理的系统的知识，确定他们的新人生观。如果能给儿童布置个极其适当的环境，自己却忘记了自己是教师，而且使儿童也忘记了我是个教师，只觉得我是他们的环境之中的一个同情的互助的伴侣，这才是今后所需要的教育者。儿童和教师生活在一个环境里，彼此是同情的互助的，那么学校便是社会，学校生活便是社会生活。

小学教育设施的要义既然如以上说的，那么第四：小学教育的设施应当怎样安排呢？以前的制度既然造成了种种恶果，必须根本铲除，才有改造的基础。今后小学必须的设备是会场、工场、农场、运动场、试验室、娱乐所、图书馆、博物馆、卫生处，等等，一个学校便是一个社会；因为各种设施都是从现在创造的，可以脱去历史的拘束，进入比较圆满的境界。儿童进了学校，只是与各种事物相接触，只是觉得有许多事情要做；有必要的时候，他们自然会到会场里去讨论，会到图书馆里去看书。他们对于环境，兴趣所及有所不同；他们各从所好，随时运用心力和体力，或是工作，或是游戏，来满足各自的欲望，便随时长进经验，随时有所创作有所进步。教师对儿童自然要担负帮助和指导的责任，但是教师自身也随时长进经验，随时有所创作有所进步。教学事业就是教师的社会生活，帮助和指导儿童就是他的“尽其所能”。

照上面所说的，儿童在学校里便知和行合一，修养和生活合一。他们的本质是创造的，进化的，所以教育愈进步，他们便养成更健全的人。同时，这样的学校生活便是社会生活，而且更有系统，更有价值，更有改进的精神。他们并不觉得进了一个特殊的境界，游戏依旧，工作依旧，社交依旧，却不知不觉得到了做社会中的一员的经验。全社会都包含着这样的个人，社会便永永改进！

1919年11月4日作，刊《新潮》2卷2号，署名叶绍钧。

受教育的与改革教育

改革教育，好像只是教师以及教育行政人员的事情，受教育的并没有份儿。这个“好像”是看着受教育的头顶上戴着个“受”字而来的，戴着个“受”字，显然处于被动地位，对于改革教育那种主动工作，未必做得上主，用得上力。假如承认这样看法，受教育的就只有等待下去，在教育尚未改革的时候，只好勉强“受”那坏教育，一朝黄河清了，教育改革了，才称心如意地“受”那好教育。除此而外又有什么办法呢？然而这样看法并不能承认，受教育的头顶上戴着个“受”字并不表示处于被动地位，所以对于改革教育，受教育的也做得上主，用得上力。

教育的对象是受教育的，受教育的是教育事业的中心，教育好不好，有没有实际效益，依理说，应该是受教育的知道得最清楚，体验得最亲切。即使说“不识庐山真面目，只缘身在此山中”，因为自己正在受教育，反而不明白教育到底是怎么一回事，这个情形可能有。可是，只要把眼界放得宽一点，把生活看得认真一点，就社会就自己多想想，也就会明白起来。在明白起来的时候，如果发觉所受的教育不好，没有实际效益，这就是社会和自己都吃了实实在在的亏。社会是自己所依附的群体，自己是一切思想行动的主体，社会和自己都吃了实实在在的亏，那是再切身也没有的事情了，怎能不做点儿主，用点儿力，把教育改变过来，使往后不再吃丝毫的亏？——这是说受教育的只要明白所受的教育不好，迫于切身的需要，就不得不参加改革教育的工作。

还有一层，受教育不是像张开了个空袋子，等人家把东西倒进来，装满它。受教育含有个重要的意义，就是学习。朱子注“学而时习之”道：“习，鸟数飞也。学之不已，如鸟数飞也。”这说法极好。小鸟儿屡次屡次的飞，用的是他自己的能力。所谓学习，全靠学习者自己的能力，受教育的这就有了确切的把握。教育不好，没有实际效益，属于旁人范围内的事情（如教师以及教育行政人员方面的事情）也不是不要过问，但是不妨把属于自己范围内的事情放在首要地位。属于自己范围内的事情就是学习。从前那样学习使社会和自己吃了实实在在的亏，现在把他改革，改革到不再吃亏的地步，那就教育不改革而自改革了。并且，改革教育，本来要在受教育的学习方面改革过来之后，才算收效。——这就是说受教育的对于改革教育的工作确有把握，也可以处于主动地位。

以上不过是原则的话，说得又很简单。希望读者诸君从这里有所触发，再就自己所受的教育和改革教育的必要，逐步想开去，得到些具体的意见、切实的办法。至于我写这篇短文的意思，无非以为改革教育不只是教育家、教育者、教育官的问题，在身当其冲的受教育的，尤其要加以注意，非但要讨论如何改革，并且要促成真个改革。

1945 年 3 月 1 日发表

受教育跟处理生活

中等教育的目标不外乎给与学生处理生活的一般知识，养成学生处理生活的一般能力，使他能够做一个健全的公民。依照教育学者的说法，话决不会这么简单；他们罗列各派的学说，比较各国的国情，一下子一章，再一下子又是一章，可以写成一本很厚的书。但是说来说去，总脱不出这一句简单的话的范围。

所谓生活，无非每天碰到的一桩桩一件件的事情。客人来了，该要款待他，这是一件事情。夏天快到了，该要下稻种，这是一件事。东北四省失去已经三年了，该要想法收回，这是一件事。太阳上的黑子今年又扩大起来了，该要研究它的所以然以及对于地球的影响，这是一件事。事情是举不完数不完的；许许多多的事情积聚起来，其总和就是人类的生活。

根本地说起来，处理生活的知识当然该从一桩桩一件件的事情上去取得，处理生活的能力当然该从一桩桩一件件的事情上去历练。唯有这样，才无所谓学习跟实做的界限，才没有支离破碎的弊病；过一天就是一天的充实生活，便没有像泄了气的气球似的预备生活。

教育的最高境界该怎样呢？说出来也平淡无奇，不过实现上面所说的罢了。在现今世界上，并不是没有施行这种教育规模的地方。在我国，有一部分教育者提出教、学、做合一的主张（又有人说该是做、学、教合一），也是想把教育推进到最高境界的一种企图。

但是要知道，教育是不能离开了种种的社会关联而独立的。教、学、做合一的主张不能普遍于整个教育界，正受着种种的社会关联的限制。此刻我们必须明白的是：现行的教育规模，例如把训育跟教科分为两橛，又如定下公民、卫生、国文、算学等等科目教学生学习，实在不是顶妥当的办法，而只是不得已的办法。

为什么不是顶妥当的办法？因为这样一来，就把教育跟一桩桩一件件的事情，也就是跟生活的距离拉得远了；故而在学校里当学生，总不免有“预备生活”之感。但是不这样就得全盘推翻，另起炉灶；在不能另起炉灶的时候，要让青年取得知识，历练能力，就只得照现在这样做。所以说只是不得已的办法。

明白了这一点有什么益处呢？益处就在于能使我们不忘记我们的实际生活。我们学的虽然是公民、卫生、国文、算学等等科目，而实际生活里并没有这些科目，只有一桩桩一件件的事情。事情临到我们的面前，我们要能综合地运用这些科目去处理，那才是真个取得了知识，历练了能力。如果徒然记住在心里，写在笔记簿上，临到事情还是茫然失措，那就等于没有受什么教育；我们决不肯这样耽误了自己。

连带地，我们自然会领悟教科书的本质只是各种科目的纲领而已。譬如演戏，教科书好像一张节目单，背得出节目单并不就是演了好戏。纲领自有纲领的用处，繁复的头绪须得理清楚，才可以结成概念，纲领的必要就在乎此。因而死命地记诵教科书是无谓的，把记诵教科书当作受教育的终极目的尤其无谓。我们固然不肯把节目单抛开不顾，可是我们更得好好地演我们的戏——随时随地好好地处理我们的生活。

刊《中学生》杂志53号（1935年3月1日），署名编者。

知识本位与考试本位

最近数月来，我们常觉到一种存在于青年学生间的关于应付考试的严重空气，特别是今夏修完初中或高中学业的人，从春季开学起，学校就为他们排定程序，停授正课，专习考题，有的甚至专预备考试所着重的英、国、算三科，其他常识都不顾及的。在近暑假的时候，有不少题名为《会考试题汇编》之类的书，代替了正式的课本而流行在学生中间。等到考毕放假以后，另有一类题名为《升学投考指南》的书籍，与许多学校的招生广告同时出现。似乎在现今的教育制度中，考试已成为一种专门的技术，需要特殊的训练了。本期《青年文艺》栏丁宁君的《三重关外的回忆》，就隐约告诉了我们这样的事实。但是，这篇文字还告诉了我们更重要的事实，就是为应付考试而造成的紧张空气，对于青年学生常常是有害的。

我们不否认考试在学习上的价值：它的价值在于考验学生的学习过程的是否正确与学业知识的达到何种程度。为便利计，在现在非普及的教育制度下，它也被用以评定学生的成绩，作为督促学生用功的一种方法的。然而，渐渐地这种方法被重视得过分了，教育的成绩不良，学生对于功课没有兴趣，唯一的补救办法，似乎只有把考试加紧。于是有了重重的考试；于是学校和学生都把应付考试作为一种严重的功课；于是所谓指导应考的投机书籍，便代替了正式的课本和有益的参考读物，而占据在许多中学青年的案头了。我们借用今年的一种时髦的说法，现在的教育似乎不是以求取知识为"本位"，而是以应付考试为"本位"了。

上述的弊病，不但有许多认真求学的青年感觉到，有不少负着教育之责的人大概也知道的。今年夏间教育部曾经通令各省市教育厅局，纠正举行会考时的几项事件。天津《大公报》在《社评》中和《明日之教育》栏中，也都有专文批评考试的流弊，以为教育的目的，"决不是为背名词与公式，不是为制造'活动的百科全书'，而在增强吾人适应环境的能量，启发理智，陶冶情绪，实现更优美的人格"。同时，我们听到不少贤明的教师的口头意见，也以为学生滥用指导应考的书籍（这些书籍当然不免于许多排印上的错误的），单重机械式的记忆，是并无益处的。不过，这些批评的着眼点主要是在现行考试的技术上的缺点，我们更应纠正的是对于考试的根本态度。现在有人要用考试作为一个个的圈儿，把读书人的心拴住；被考者则把它看作一道道的关口，希望能侥幸通得过去：这样还有什么教育的意义留存下来呢？我们竭诚地希望负责教育者注意：考试只能在学习的过程中占一个小小的位置，把它过分地重视，甚至忘却了求取知识的本义，对于学生是无益有害的。

刊《中学生》杂志57号（1935年9月1日），署名编者。

不相应的“因”与“果”

本年上海推行识字运动，由识字教育委员会派员按户调查，遇有不识字的就叫他们进识字学校读书。在调查的当儿，调查员遇到了种种的诘难，大致是“识了字就有饭吃吗？”“某人在学堂里读毕了业，到现在坐守在家里，找不到一件事情，识字又有什么用处？”这一类的话。

听说识字，就联想到吃饭跟职业，可见大众的生活困顿得利害，只有立刻可以解除困顿的才是迫切需要的东西，否则简直不需要。然而这样的联想实在根据一种错误观念而来。他们以为识字好比下种，有饭可吃、有职业可做好比收成，下了种当然要望收成。谁知识字跟吃饭和得业本来不是注定的一因一果。识了字，仿佛加添了一双眼睛、一双耳朵，因而能够接触本来所不能接触的，使自己的知识丰富起来，能力增强起来。这是识字的目标。谁如果识了字，或多或少，总可以得到应合这个目标的报酬。至于有没有饭吃，有没有职业可做，虽然跟个人的知识能力也有关系，但是在目前这样的时代，还待社会情况来决定。

推广开去，中学生在校受教育也是同样的情形。中学生所得到的当然比较识字学校的学生所得到的深广得多，但是也只在丰富知识、增强能力这两点上见到效果而已。学校对于学生毕业之后得业与否并不负何种责任，那末学生跑出了学校无事可做，实在是寻常的事。在教育跟生产不相联系的制度之下，入学求学的“因”，跟有事可做的“果”，本来是不相应的呀。现在有一班人往往统计毕业学生的得业成数，见数量太少，就大发其慨叹。就各种力量的浪费而言，这固然可以慨叹。若说其他的人都不妨失业，唯有学校毕业生不应该失业，这却是错误的观念了。其错误在忘记了如今教育的本质。

我们提出这一点来说，并不是故意扫读者诸君的兴，我们想请诸君认清实况，不要让自己上了一些错误观念的当。

刊《中学生》杂志58号（1935年10月1日），未署名。

革除传统的教育精神

不变应万变的话儿，一半儿对，一半儿不对。无论如何要抗战到底，无论如何要建立个全新的国家，无论如何要由老百姓当主人，要使老百姓的生活——物质与精神两方面都好起来。从这一点看，不变应万变没有错儿。但是，照以往的做法，这个目标都达不到，都会落了空；要达到，要不落空，非改弦更张，另起炉灶不可。从这一点看，谁还说不变应万变，简直是自甘没落，荒谬已极。

“穷则变，变则通”，《系辞传》里的这两句，如今被引用得很普遍了。虽然一部分人只当它是作文的滥调，也可见在当前的局势之下，“变”这个字已经在人人心目中占了重要的位置。

这儿不说旁的，单说教育。教育不是独立的部门，与政治、经济等项都有关系。怎么能够“单说”？话是不错。

可是就教育方面谈一些原则，那些原则当然决定于其他部门，而不再谈及其他部门，这样去枝去叶、只取本干的办法，也未尝不可以。

教育应该变了，一个月内，各地报纸上都有表示这个意思的论文。各人有各人的看法，各人有各人的注意点，为学生着想的看法。至于学制与课程之类，待教育专家去讨论，这儿不说。

为学生着想，我们以为急需革除传统的教育精神。传统的教育精神是什么？让一些人读书，应考，考上了的做或大或小的官，帮助皇帝统治老百姓。无论其人的存心是仁义道德，或是声色货利，无论其人的出身是贵胄高门，或是翁牖绳枢，只要一读了书，一做了官，就站到皇帝一边，事实上与老百姓对立。这样的教育，说得好听些，是为国家教育人才，拆穿了说，无非替皇帝找帮手的途径而已。就受教育的人一方面看，由此可以得些利禄，不能算没有好处。可是离开了老百姓，与老百姓处在对立的地位，有意无意地加害于老百姓，只要这么一想，就知道实在没有什么好处。

依理说，传统的教育精神到了民国时代应当废弃了，因为民国时代不再有什么皇帝，大家都是老百姓，也不再有什么个人或集团与老百姓对立。但是，究竟习染太深了，传统的教育精神到了民国时代依然保持着。这不能就学校的设置与学科的安排那些事项上看，就那些事项上看，如今的教育当然与以往的两样。这要就精神上看。在施教的一方面，无非想造就一班公务人员与技术人员，这些人员高明不高明无关紧要，能不能为老百姓服务尤其不需顾虑，只要撑得起那么个场面就成。在受教的一方面，看重分数，看重文凭，认定自己走的是利禄之途，此途走通的时候，就可以出人头地，高高在上。至于自己本是个老百姓，该一辈子为老百姓服务，这样的认识自始就没有听说过，到了文凭到手，高高在上，自然更不容易领悟了。以上说的未免抽象，可是，似乎已经抓住了如今的教育的精神。试想这样的教育精神与传统的有什么分别？

民国时代要行真正的民主，必须人人自己觉着是老百姓，是个不折不扣的老百姓，是个处于主人地位的老百姓。公务人员，技术人员，乃至于什么什么家，都是社会间不可缺少的，自然得由许多人去当。但是有个重要条件，当这些人员这些家的，仍然是个老百姓，他的一切努力都是为老百姓服务，也就是为他自己的伙伴服务，决不为旁的。传统的教育不管这一点，不能怪它，因为已往时代老百姓注定被踩在皇帝脚底下。如今的教育不管这一点，就失去了教育的意义，任凭你说得天花乱坠，干得花样翻新，总之毫不相干，因为这一点才是如今的教育的根本与灵魂，而没有根本的树木是枯木，没有灵魂的躯体是尸体。

教育要变，就得在精神上变，革除传统的教育精神，认定以老百姓为本位。学制与课程之类也不是不重要，然而精神不立，单就这些上讨论如何如何更改，就是舍本逐末，必然没有什么好处。对谁没有好处呢？对受教育的没有好处，对国家民族也没有好处。

1945 年 1 月 4 日作，刊《中学生》战时月刊 83 期，署名圣陶。

“享受”

一平先生文中有一句话道：“国联教育考查团在《中国教育之改进》中，反复叹息于中国现行教育制度完全为有钱有势之人们所享受。”与“享受”相应的字眼，通常是“幸福”“快乐”之类。读者诸君现在身为中学生，得受中等教育，这种“享受”到底是幸福和快乐或者不是，其实殊难断言。为什么呢？诸君的精力是可贵的，光阴也是可贵的，而在承受现在这种大有流弊的教育这一件事情上，把许多的精力和光阴消耗掉，岂不是非常倒楣的事？

我们说这个话，并非故意要扫诸君的兴，事实如此，没有办法呀。诸君试想：听讲，听讲，一辈子的听讲，记诵，记诵，一辈子的记诵，书本、文字、书本、文字，永远离不开的书本，文字；将来出了学校，除开从政和当教师以外，做旁的事差不多都得从头学起：这是不是现在教育实况的最简略的素描？受不到教育的青年当然是倒楣的，而在这般教育实况中讨生活的诸君，又何尝不倒楣！

有少数的教育家觉悟了，如一平先生文中所提及的四存中学、求知中学和艺文中学，他们的主持人是可以感佩的。他们把“教”“学”“做”合在一起，让精神劳动和体力劳动互相调剂，不叫学生专门在听讲、记诵、书本、文字上做功夫，其最低限度的效果当是“养成手脑兼用的青年”。如果在真个有组织的社会里，自然可以更进一步；社会需要各色各样的人材去干各色各样的事业，就在各色各样的事业上教育许多的青年，让他们一一深造，得到了学问也练成了技术。我国现在还谈不到这一层。这并不是说我们不需要各色各样的人材，也不是说我国没有人正在干各色各样的事业，乃是说教育受着种种的限制，致形成现在的模样，与事业差不多完全连不起来。只要看，全国同胞的百分之八十，其中大部分是种田的和做工的，他们连识字的权利都没有，更说不上什么受教育：其故固可深思了。在这样的情形之下，而前面提及的几个学校能够冲破成规，把教育办成个样子，我们想，那几个学校里的学生应该是幸福的、快乐的吧。如果多数的学校能够对准这样的方向走，于百分之八十的同胞固然没有什么直接的关系，但在校的学生总该说得上真个“享受”了。

这个愿望什么时候能实现呢？我们怅然凝想，可是回答不出来。

刊《中学生》杂志45号（1934年5月1日），未署名。

升学与就业

暑假将近，升学与就业的问题又将在一部分同学的心头盘旋了。每年逢到这样的时期，我们总要说些话，供给同学们作参考。现在谈谈关于原则上的认识，就是为什么升学，为什么就业。

我国一般人把学校教育看作变相的科举，其中一部分人意识上并不清清楚楚这么想，骨子里却死死地抱住那个旧传统，牢不可破。从前读书人读书准备应科举，考上了一级再考一级，一步步往上爬，爬的目标是作官从政。他们认为现在受学校教育也无非如此。不过他们把作官从政的范围扩展得更广，不限于作官，凡是社会间最优越的地位，有利有势的，都是他们所认为的目标。

要一般人改掉这种旧观念，须待社会改变过来，须待他们自己明白过来，我们且不说。我们要说的是此刻预备升学的同学们决不能同样地抱着这种旧观念，必须在意识上把它彻底排斥才行。不然的话，出发点就错了，出发点一错，在学习的过程中不容易真有所得，即使学而有成，也没有什么可贵之处。

我国一般人把就业看作吃饭的手段。为要吃饭，才去就业。如果不就业也可以有饭吃，譬如有祖宗传下来的遗产，有各种生产事业的利润，那就乐得空闲，无须就业。解决吃饭问题当然以家庭为范围。就个业，自己有饭吃了，是起码的满足，整个家庭有饭吃了，是进一步的满足，整个家庭不但有饭吃，而且能吃顶好的饭，那才是达到了极点的满足。

这也是一种旧观念，要一般人改掉它，与前面说过的一样，我们且不说。我们要说的是此刻预备就业的同学们决不能同样地抱着这种旧观念，必须在意识上把它彻底排斥才行。饭当然要吃，可是就业不专为吃饭。这一层不弄清楚，出发点就错了，出发点一错，就业不会有好成绩。

为什么说“此刻”预备升学、“此刻”预备就业的同学们，决不能同样地抱着旧观念？我们希望改变什么，总得找到端绪，开个头儿。一般人习染太深了，虽不是不能改变，也该是不易改变。预备升学预备就业的同学们却正站在出发点上，固然从家庭与社会间也不免有些习染，但究竟不怎么深，从这批同学们改起，正是开个头儿。

为什么说抱着旧观念，升学就学不好，就业就干不好？旧观念以学与业为取得私利的手段，其实学与业是同类的事项，既不纯为着私利，也不纯属于手段。现代人的一大进步是认识个己与大群关系的密切。这种认识从实际生活体验得来，要于大群有利，才于个己有利，欲求个己有利，就必须顾到大群。因此，为学与就业必须把眼光放远，所学所业要有利于大群才行，如果纯为着私利，必将走到岔路上去。这是一。所学所业都是即知即行的，说到行，就是当前个己受用，当前大群受用，这个受用便是目的，不是手段。要把为学与就业说成手段也未始不可，可是须认定一个最广大最终极的目的，就是把大群的物质生活精神生活提高起来，对于这样的目的，为学与就业那才是一种手段。这是二。

我们以为在升学与就业之前须有这么一种简要的认识。

1945 年 5 月 6 日作，刊《中学生》战时半月刊 88 期，署名朱逊。

何必升学

曾经参加一次座谈会，讨论升学与就业的问题，意思当然是帮助预备升学预备就业的人，给他们一些指导。

我老实向召集人说，在现在的情形之下，提出这个问题有些不合时宜。我自然说不出什么，只好听听别位先生的高见。可是别位先生说的也解决不了问题。事实摆在那里，升学不易，就业困难，任你有多大的学问经验也难说出具体办法来。

现在撇开就业，单说升学。我不是在参加座谈会的时候说不出什么，现在却说得出了。我只是说在如今的教育状况之下，也大可以不必升学。不必升学，升学问题不解决而自解决了。为什么不必升学，因为从如今的学校教育学不到什么。这所谓学得到学不到，系指受教育者本身有无真实受用而言，不指零星的知识，空洞的概念，以及分数和文凭。在受教育者有真实受用的，是清澈的认识，优良的习惯。如今的学校教育不管这些。一堆死板零乱的教材，一派浮词滥调的训言，尽往受教育者的头脑里装。他们希望受教育者的头脑是个空瓶子，用他们那些东西装满它。即便真的装满了，杂七杂八的像间杂货铺，哪里说得上清澈的认识？何况头脑到底不是空瓶子，硬装也实在不大容易装进去。那又何必多此一举，在学校里白白花费若干年的光阴？再说优良的习惯，如辨别是非，具有正义感，大概公认是优良的习惯吧。可是如今的学校似乎不承认，学生辨别是非，发表些意见，正义感按捺不住，表现些行动，就认为那是坏学生，不屑教诲，开除了事。学生进学校，虽然不一定有这么一种清楚的意识，可是按理说，总希望多养成些优良的习惯，以便一辈子受用。现在非但不能多养成，连原有的也要被钳制，那又何必进什么学校？

我想说如今的学校教育不是教育。换句话说，教育的意义虽然各有各说，可是一般比较通达的人总有个大致相通的见解，而如今学校所干的那一套，与那个大致相通的见解并不相干。既然不是教育，又何必去受它？

再讲真实受用，有些东西不进学校也可以学到。如辨别是非，具有正义感，你若认为优良的习惯，尽可以在人群中间学。到学校里去，有了这种习惯反而容易碰钉子，当然，在人群中也不是不会碰钉子。如看好书，读好文章，尽可以在家里干，可以约几个朋友一起来干，共同研究，相互指正，只要你识字，了解文义，自己养成读书的能力。如要博览群籍，做什么研究工作，你家里没有多少书，当然办不到。但是如今的学校里也没有多少书，图书室的购置费往往少到可笑的数目，甚至于没有。如要研究理科，你家里没有设备，没有实验的仪器，当然也难办。但是如今学校里的设备和仪器也很可怜，而且依据传统的观念，读书只要读书，实习试验只是偶一为之，等于偶尔玩一套戏法。据人说，如今科学研究以苏联美国为最，真像个研究。苏联有它整套的计划，理论与应用合一，凡是成立了的理论不只记录在研究报告上，都要化为具体的事物，运用到大众衣食住行各方面。美国靠它的富，一切试验都可以支出庞大的费用，制造繁复巨大的仪器。我们现在什么都谈不上，科学落后是注定了的，学校里的科学研究实在是个空名儿。落后当然可以拔脚追上去，但是照如今办学校的作风，绝对不像拔脚的姿态。

要受像样的教育，先得改造教育。要改造教育又得改造有关的种种方面。教育不是一件独立的东西，不像空地上的一所房子，觉得不好，可以拆了重新建筑。现在的教育不像样，至少可以说不受它也并不吃亏，在真实受用的观点上并不吃亏。

但是，受学校教育可以得张文凭，有了文凭可以占个地位，谋个职业，虽然不见得绝对可靠，总比没有文凭好些。如果把地位职业也包括在“真实受用”之内，那么，自然非升学不可了。然而我总觉得这样的升学，其意义并不等于受教育。

1946年8月中旬作，刊《新文化》半月刊2卷5期（9月1日），署名叶圣陶。

“生活教育”

——怀念陶行知先生

关于教育的见解，千差万别，可是扼要地区别起来，也很简单，大致可以分为相反的两派。就教育的目标说，一派希望受教育者成为工具；另一派希望受教育者成为人，独立不倚的人，不比任何人卑微浅陋的人。就教育的理解说，一派认为受教育者像个空瓶子，其中一无所有，开着瓶口等待把东西装进去；另一派认为受教育者自有发掘探讨的能力，这种能力只待培养，只待启发，教育事业并非旁的，就只是做那培养和启发的工作。就教育的方法说，一派注重记诵，使受教育者无条件地吞下若干东西；另一派注重创发，不但使受教育者吞下若干东西，尤其重要的在使受教育者消化那些东西，化为自身的新血液，新骨肉。

以上说的目标，理解，方法三项是一致的。前一派希望受教育者成为工具，就不能不把他们认作空瓶子，要他们无条件地吞下若干东西。后一派希望受教育者成为人，自然要把他们当人看待，自然要把培养能力启发智慧作为教育的任务，自然要竭力使他们长成新血液，新骨肉。就受教育者的方面说，受前一派的教育是“为人”，有人需要一批工具，你是应命准备去做工具，不是“为人”是什么？受后一派的教育是“为己”，“古之学者为己”的“为己”，发展知能，一辈子真实受用，这种教育就是陶行知先生所说的“生活教育”。

在皇帝的时代，在法西斯的国家，当然推行前一派的教育。皇帝要人民作工具供养他，法西斯机构要人民作工具拥护它，势所必然把教育作为造成工具的手段。但是，皇帝早已推翻了，法西斯已经打垮了，在人民的世纪中，人人要做独立不倚的人，不比任何人卑微浅陋的人，就必须推行后一派的教育，如陶行知先生所说的“生活教育”。

放眼看我国当前的教育，无论认识方面，表现方面，都还脱不出前一派的窠臼。教育原不是孤立的事项，有这么样的中国，就有如现在模样的教育。有人说，要把教育办好了，才可以把中国弄好。这自然见出对于教育的热诚和切望，可是实做起来未必做得通。还是调转来说，要把中国弄好了，才可以脱出前一派教育的窠臼，彻头彻尾地推行后一派的教育。所以陶行知先生一方面竭力提倡“生活教育”，一方面身任民主运动的先锋。现在推行“生活教育”，不怕艰难，不避危害，当然也有成就，那成就对于中国的弄好也大有帮助。然而那成就只是一点一滴的，要收到普遍的效果，要使人人受到充实自己、发展自己的教育，总得在中国真正弄好了之后。

担任教育工作的人多极了，人的聪明才智，一般说来是相去不远的，然而像陶行知先生那样提倡并且推行“生活教育”的有几人？像陶行知先生那样认清教育与其他事项的关系，献身于民主运动的又有几人？安得陶行知先生的精神化而为千，化而为万，整个教育界的人都把陶行知先生作为楷模，使中国与中国的教育一改旧观啊！

1946年10月23日作，刊《中学生》月刊总181期，署名圣陶。

新精神

曾经与一些民众学校的教师谈话。他们说他们的工作无非教来学的人识若干字，读几本书。识得了，读过了，就让来学的人毕业。毕业之后，他们没有相当的读物可看，应用上也不大需要什么文字，大约经过相当于入学的时间，就把识得的字读过的书忘得差不多了。教师们觉得他们的工作很空虚似的，辛辛苦苦，费心尽力，可没有一点儿切实的成绩。

我很同情他们，可是没有什么话安慰他们。事实摆定在那里，切实的成绩不会像变戏法一般变出来的。

正规的学校教育不也是一样吗？课程规定把一些知识装进学生的头脑，装到了限度就算毕业。毕了业又经过若干时日，装进去的忘干净了，与自始没有装什么进去无多分别，徒然耗费了若干年一去不返的光阴，以及若干笔勉力支撑带血带泪的学杂费！最近上海《大公报》刊载了许多篇文字，是大中学生写的，说法各各不同，可是一致地控诉他们所受的教育对他们没有好处。写文字投登在报纸上的当然是极少数，极大多数的学生只在嘴上说说，心里想想，我知道他们的意思，归总一句话，也是他们所受的教育对他们没有好处，因为这一类的陈说我听见得太多了。学生们的反应如此，教师们，尤其是有良心有责任感的教师们，岂不要发生空虚之感？

教育不以生活为本位而以知识为本位，是一个大毛病。由于不以生活为本位，所以不讲当前受用，读了植物学可以不辨菽麦，读了生理卫生可以绝无卫生习惯。由于不以生活为本位，所以只讲记诵，能够照书本回答就得一百分，不能够照书本回答注定吃大亏。由于不以生活为本位，所以受教育成了一件奢侈事情，譬如穿一件绣花衣服，穿了固然体面，可是不穿也没有关系。

这种精神是承袭传统的教育精神而来的。传统的教育，其目的只在替皇帝选拔一批驯良的帮手，向来不管受教育者的生活，谁问你当前受用不受用！为要把驯良训练得到家，自然需钦定一些教材，叫你只许在范围之内用心思，这就来了记诵之学。而从前的受教育原是带着奢侈性的，一旦飞黄腾达，固然走上利禄之途，可是，犹如买奖券，大多数的人只好执着没有中的奖券空叹气，你想发财就是你的奢侈性作怪。

现在与往昔，时代不同，而现在的教育还是承袭着往昔的教育精神，这是蜕变期间应有的现象。就一个人看来，五六十年是一段很长的时期，可是就历史看来，社会蜕变（教育包括在内）经历五六十年还没有变过来，不能算了不起的久长。传统的教育精神总有一天会完全摆脱的，而吃亏的是生当其时，现在正在受教育的少年与青年。

摆脱了传统精神的教育，对于受教育者必有切实的好处。以生活为本位，随时学习，随时受用。知识不是点缀品，追求知识是为充实生活，知识必须化为身体上的血肉，生活上的习惯，不仅挂在口头笔头装点门面。多受一天教育将与前一天不一样，在作事，为人，想心思，辨事理种种方面多少必有进步，如是一天天继续不断，一直往更真更美更善的路上前进。

也有不少的教育者已经感到了这种新精神，他们虽不能完全摆脱环境的拘束，但是他们努力使他们的学生得些实益。他们的学生比较也有福了。方在受教育的少年青年们如果感到了这种新精神，也可以努力使自己的学习合着这种新精神。那么，他们比较地有福了。

1948 年 3 月 14 日作，刊《中学生》月刊总 198 期，署名圣陶。

不应单纯追求升学率

在全国重点中学工作会议上，教育部张承先副部长提出的五条纠正单纯追求升学率的措施，我完全赞同。这五条措施非常及时，对关心中学教育的人来说，如大旱之望云霓。

纠正措施第一条：坚决不搞高考分数排队，不给学校下达高考指标；第二条：坚决把学生从频繁的考试中解放出来，学校只实行期中期末两次考试，从省、市到县区都不得统考统测。

两个“坚决”，好！希望各级教育部门和各个中学都能贯彻执行。不要教育部说了“坚决”，下面却仍其旧贯，来些变相的花样。近年来考试的名目多得很，什么摸底考试，模拟考试，我也记不清这许多，总之，考，考，考。为什么要考试？就期中期末考试来说，我以为最重要的是教师从考试的结果，可以知道自己教的成绩怎么样：教得不错，有长处，要继续发展；教得有问题，有缺点，要想办法改进。至于学生，要让学生知道自己并非为考试而来学习的，看待考试，应该跟平时举手答老师的提问一样平常，既不藐视，也不特别重视，逢考就考，不必特别作准备；不考的时候，照样认认真真地学。总不要使学生对考试有过关似的感觉。这样的情形，希望能在所有的学校里尽快实现。

第三条说："严格按照教学计划、教学大纲的规定进行教学，不得搞突击，过早结束课程……"

这一条非常重要。去年《光明日报》发表过一篇通讯，对许多学校的高二班在秋季开学不久就停止课程，专搞复习，表示忧虑。我看了这篇通讯，心里非常难受。有的学校甚至把高考不考的课程取消了。有一位生物教师怅怅地对我说："我的课程被高考挤掉了。"高中只有两年，已经嫌少，再用半年以至一年来搞复习，学习时间不是更少了吗？当然应该学到第二学年终了为止。教师真正认真教，学生真正认真学，就用不着变更平时的教学秩序，过早地搞什么复习。还有，几年来年年发布高考复习提纲，过去由于各地教材不同，发布复习提纲有它的必要，今后是不是可以不用复习提纲了。现在有些学校和出版社发行考题解答之类的书，销路很好，可以赚钱。这个事情非常不好，对学生的学习没有好处。解放前我编《中学生》杂志的时候，几乎年年撰文表示反对。在旧中国，书店这样做是为了牟利。现在，我们的学校和出版社绝对不应该这样做。

第四条也是很切中要害的。学校要对全体学生负责，不能只抓毕业班，忽视非毕业班；在毕业班，不能只抓少数“尖子”，放弃大多数学生。如果忽视非毕业班，放弃大多数的非“尖子”，这就毫无道理，简直没有一点儿教育的气味了。第四条说不能忽视和放弃，是绝对正确的。

第五条说，要保证学生每天有九小时的睡眠时间。据我所知，在今天以前，高中学生九小时的睡眠是得不到保证的。我的邻居有收音机不开，有电视机不看，因为孩子要考大学，功课做到半夜十二点才灭灯，就算明天六点半起床，最多也只睡六小时半。这恐怕不是个别的吧？现在有些小学生身体不好，有些中学生大学生身体不行。说不好不行，举不出统计数字，似乎空口无凭。但是，身体不好的哪怕只有百分之一，不是也必须重视吗？

纠正单纯追求升学率的五条措施，已经刊登在报纸上了，文件一定就会发下去的。不知道担负教育行政工作的，当教师的，做家长的，能不能都认真对待，共同贯彻。只有全社会都重视起来，单纯追求升学率才能得到彻底纠正。

1980年8月11日在教育部和政协教育组联合座谈会上发言，刊8月18日《光明日报》，署名叶圣陶。

吕叔湘先生说的比喻

最近听吕叔湘先生说了个比喻，他说教育的性质类似农业，而绝对不像工业。工业是把原料按照规定的工序，制造成为符合设计的产品。农业可不是这样。农业是把种子种到地里，给它充分的合适的条件，如水、阳光、空气、肥料等等，让它自己发芽生长，自己开花结果，来满足人们的需要。

吕先生这个比喻说得好极了，办教育的确跟种庄稼相仿。受教育的人的确跟种子一样，全都是有生命的，能自己发育自己成长的；给他们充分的合适的条件，他们就能成为有用之才。所谓办教育，最主要的就是给受教育者提供充分的合适条件。

办教育决不类似办工业，因为受教育的人绝对不是工业原料。唯有没有生命的工业原料可以随你怎么制造，有生命的可不成。记得半个世纪以前，丰子恺先生画过一幅漫画，标题是《教育》。他画一个做泥人的师傅，一本正经地把一个个泥团往模子里按，模子里脱出来的泥人个个一模一样。我现在想起那幅漫画，因为做泥人虽然非常简单，也算得上工业；原料是泥团，往模子里一按就成了产品——预先设计好的泥人。可是受教育的人决非没有生命的泥团，谁要是像那个师傅一样只管把他们往模子里按，他的失败是肯定无疑的。

但是比喻究竟是比喻，把办教育跟种庄稼相比，有相同也有不相同。相同的是工作的对象都有生命，都能自己成长，都有自己成长的规律。不同的是办教育比种庄稼复杂得多。种庄稼只要满足庄稼生理上生长的需要就成，办教育还得给受教育者提供陶冶品德、启迪智慧、锻炼能力的种种条件，让他们能动地利用这些条件，在德智体各方面逐步发展成长，成为合格的建设社会主义的人才。

对受教育者提供充分的合适的条件，让他们各自发挥能动作用，当然比把他们往模子里按难得多。但是既然要办教育，就不怕什么难，就必得把这副难的担子挑起来。

1982年12月21日作，刊次年1月6日《文汇报》，署名叶圣陶。

篇二 素质教育：培养良好的习惯

教育是什么？往简单方面说，只须一句话，就是要养成良好的习惯。德育方面，要养成待人接物和对待工作的良好习惯；智育方面，要养成寻求知识和熟习技能的良好习惯；体育方面，要养成保护健康和促进健康的良好习惯。

当前教育工作中的几个问题

当前教育工作中的问题很多，有的问题还很严重。

许多教师很努力，都想做好工作，但是不得其法。不少教师只知道逼学生做功课，连小学二、三年级的学生，家庭作业也很繁重。语文老师常常要求学生把一篇课文抄写若干遍，还出一些孩子力所不及的练习题。例如，指定一个字，要学生写出含有这个字的三个或四个词来。学生写不出，问过家长才写出来，可是对这些词的意义并不理解，这有什么好处呢？算术也这样，一大张一大张的补充习题，听说是上面发下来的，需要很长的时间才能做完。做这些作业，每天都做到很晚，弄得困倦不堪。小学生是这样，中学生也是这样。体质下降了，近视眼增加了，问题很严重。

抓教育是应该的，但是怎么抓，要好好研究。一味加重学生的负担，不是办法。

要重视德、智、体全面发展。现在似乎是重视智育，对德育和体育有些忽视。

教育是什么？往简单方面说，只需一句话，就是要养成良好的习惯。德育方面，要养成待人接物和对待工作的良好习惯；智育方面，要养成寻求知识和熟习技能的良好习惯；体育方面，要养成保护健康和促进健康的良好习惯。咱们社会主义社会的教育，就是要使学生养成在社会主义社会里生活的一切良好习惯。

良好习惯主要在学校里养成。坐要有坐的样子，站要有站的样子。早上见到老师，说不说“老师，您好”？称呼“您”还是称呼“你”？态度是真诚还是虚伪？都应该注意。现在学校里似乎不大讲究这些，这不好。当然，应该要求家长同样注意。

孩子到五六岁，已经很能说话了，大体能把他们的思想表达清楚，有时候还很生动。可是上了学，认了字，话反而说得结结巴巴，词不达意，作文也是这样。前几年受“四人帮”的影响，把空话、套话、大话、假话当作教材，学生学会了这一套就受到表扬。“四人帮”打倒了，这种现象的改变还不怎么大。新编的语文课本也不能令人满意。

这不仅因为“四人帮”的影响没有彻底清除，也由于我们还没有摸清楚语文教育的客观规律。

孩子长到两三岁已经能说简单的连贯的话，已经有了初步的表达能力；至于听话的能力，也就是接受的能力，发展得更早一些。对于这些，幼儿园应该加以引导。进了小学，孩子们的接受能力和表达能力，包括口头的和书面的，都应该循序渐进，逐步提高。循序渐进的“序”必须符合客观实际。客观实际是什么？一是语言学习的需要，一是学生接受的可能。哪些词是哪个年级可能学的和必须学的，哪些句式是哪个年级可能学的和必须学的，词和句之外还有全篇结构的问题，还有文章体裁的问题。这个符合客观实际的“序”，就是语文教育的客观规律，这个规律还没有找出来。这个规律必须找出来。因此，要加强语文教育的科学研究。

现在上课，还是那个老习惯，教师讲，学生听，好像教师是演员，学生是观众。这是不行的。

教师讲，目的是要达到不用讲，好比帮孩子学走路，先牵着他走，扶着他走；进一步让他自己走，在旁边护着他；最后完全可以放心了，就让他自己走，护也不用护了。上课也一样，教师不能光灌输，要多启发，多引导。学习是学生自己的事，不调动他们的积极性，不让他们自己学，是无论如何学不好的。不光是语文，别的科目也是这样。如果学生不会自己动脑筋，不会自己求知识，学本领，事事都得依仗老师，这样的人培养出来有什么用呢？

作文为了什么，看法还不一致。是不是为了培养作家呢？不是。学生当中出几个作家，当然很好，但是决不会所有的学生都当作家。作文是为了培养表达的能力。这个能力，人人都必须有，在日常的生活中工作中都要用到。

过去几年受“四人帮”的影响，学生作文学会了说空话、套话、大话、假话。教师让他们写一篇学雷锋的文章，许多学生就写他怎样在大街上搀扶一位老奶奶。首先要问，到底有这回事没有？如果没有这回事，文章即使写得像个样子，也是骗人。骗人，怎么能说是学雷锋呢？这是个有关品德的问题，应该引起教师特别注意。

有人认为读就是为了写，这种看法也不全面。读和写，接受和表达，这是语文教学的两个方面。读的目的主要是培养理解的能力，理解能力提高了，对写作自然也有好处。

许多人评价学校，只看升学率，升学率高的学校就是好学校。为了提高校誉，有些学校就专门逼学生，考学生，想尽办法提高升学率。这就给学生造成一个很坏的印象，上学为的就是高考，高考考不上，一切都完了，十年的工夫等于白费。听说高中毕业生只有百分之三四能升学，难道普通教育就是为这百分之三四办的吗？难道剩下的百分之九十六七都是这百分之三四的“陪客”吗？上学为的是具有建设社会主义的实力，不是专为考大学。普通教育不能光从高考着眼。这个问题已经引起重视，开始在那里抓了，但是抓得还不够紧。

刊《教育研究》4期（1979年10月），署名叶圣陶。

毕业会考跟学生健康问题

毕业会考是一种功令。学校为遵从功令起见，当然要送学生去应会考。但是学校不应该只记得会考，把会考认作唯一的目标，却把学生忘了。学校究竟是为学生而设立的，这一层无论如何必须弄清楚。

据我们所知道，各地学校为促迫学生作应考的准备，很有许多不妥当的措施。恐怕学生程度蹩脚，送出去应考坍了学校的台。于是先举行假考试，假考试不及格的，简直就不送出去。还有，以前是下课的时候学生必须散到运动场去的，现在可反了背，必须留在教室里温课；到晚上，自修钟点也加长了，有的加一小时，有的还不止。学校对学生还作种种的暗示，把会考这一关形容得怎样怎样艰难，好比高山峻岭，若不预备一副好身手去冒这回险，非跌得头破血淋不可；这种暗示使学生忧虑，恐怖，一刻也不敢忘记了温课，熄灯钟打过以后，被窝里还有手电筒的圆光照在课本上面。这些都是事实；当然没有说齐全，不过举例罢了。

这种措施对于学生的影响怎样呢？旁的方面且不说，只说身体方面。过度而且勉强的记诵，使身体的机能受到强烈的阻障，有些学生没等到应考就病倒了；在考前考后死亡的，我们也听到有许多，而其原因，谁都承认是用功过度。一般说来，健全体格在目前的中等学校里差不多是稀有的宝贝。最近上海市卫生局发表检查的结果，中学生具有健全体格的不及十分之一；本志本期《青年论坛》栏登载周鉴文君的文章，他所报告的也是一个可惊的消息。原因固然不完全在于因准备会考而用功过度；但是，在下课时候必须留在教室里温课、晚上加长自修钟点以及按了手电筒在被窝里“开夜车”等等的情形之下，健全体格只会减少不会加多，却是谁都预料得到的。

中等学生的健康在目前已是一个非常严重的问题。教育者如果不忘记学校是为学生而设立的，就应该赶快努力，用切实有效的方法，逐渐减低它的严重性。同时应该老实反省，自家促迫学生作应考准备的种种设施，是否损害到学生的健康。

我们以为要使学生通过毕业会考，并不是什么困难的事。不拘泥于教科书的记诵，一切学科都从事实上去学习，又随时应用到事实上去；这样，临考的几个题目还会回答不出吗？学过一部分，就明白一部分，随时结算，决不积欠；这样，临考的时候还用得着“抱佛脚”吗？这在学生毫不觉得费力，可是确实走了并不短少的程途，而且时时有“左右逢源”的乐趣。

唯有死要记诵、硬要装进去最是费力，最容易弄出毛病来；就算如愿记住了装进去了，也还是个食而不化，在毕业会考里得到最优等的评判或许可以，而在学生本身未必就有真实的用处。教育者如果不忘记学校是为学生而设立的，应该彻底改去这种别无意义，只会损害学生健康的措施。

学校里有会考列名最优等的学生固然是荣誉，但是尤其可贵的却在乎养成身体、知识、能力都健全的学生。

刊《中学生》杂志54号（1935年4月1日），署名编者。

关于青年的修养

读者中常有人写信来，希望本志能够刊载一些关于青年修养问题的文字。修养可以有广狭两义：广义把学问和技术的修炼都包括在内，狭义专指道德的训练。这里当是指狭义而言。

青年时期身心上变化甚大，最易受环境的影响。就教育的观点来说，青年时期最适于陶冶。青年们能够趁这时期自己注意到道德的训练，自是非常有益的事情。今年本志特辟《每月讲坛》一栏，邀请国内各方面的学问家、事业家写出他们所愿意对诸君谈谈的话，我们相信这些话对于诸君的修养一定会有莫大的帮助的。我们遇有相当的机会，也乐于把所想到的意思提出来。诸君自己如果有好的意见或什么问题，也请写出来，供大家讨论。

青年修养问题，范围很广，如个人日常的生活规律、求学、交友、恋爱、职业，以至人生观、世界观……种种方面，无所不包。在事实上，这些问题，诸君正不断地在自己的环境里接触着，而且所受自动的或被动的、显著的或暗示的训练一定已经不少。诸君如果能够好好地应用到生活上去，似乎再没有什么问题。不过事情并不如此简单。我们所处的时代，正是一个青黄不接的过渡时代，社会阶层复杂，而且在不绝地变化着，五花八门，几乎令人无从捉摸。在这样的时代，道德的标准也就因社会阶层的不同而各异其趣。因此我们就得注意到：我们对于任何道德训练，在接受以前，都得经过精密的考虑，检查出它所凭借的基础来，然后加以抉择。

道德的标准因时代而不同。这从诸君在学校里所修习的一门功课的名称的改变上就可以证明。这门功课是以对诸君施行道德训练为目标的，现在叫做“公民”，但在十多年前——五四运动之前，却并不叫作“公民”而叫作“修身”。就内容的性质来看，前后可说是大同小异，并无本质上的差别，所以要把名称改变，就因为在叫作“修身”的时代，训练的目标是以“个人为本位”的，后来时势不同了，训练的目标要以“社会为本位了”，这才改叫作“公民”。从个人本位的训练，转变到社会本位的训练，在教育上不能不说是一种进步。

不过社会上有些事情，往往注意到了这一方面，就把那一方面疏忽了。就这青年道德训练问题来看，最近十多年来一般的趋势，因为大家的注意力集中到社会问题和国家问题上去的缘故，关于个人的修养方面似乎太少有人关心了。像从前那种形式的，禁欲的、玄虚的个人修养，违反身心的发展，结果容易造成一些假道学、伪君子或迂夫子，我们当然不敢赞同。我们听说在世界上，有人正在鼓吹无条件地信仰偶像，养成青年的盲目的、被动的服从性，其结果大抵只能造成一些供人驱使的奴才，我们也不敢表示苟同。不过合理的，基于个人生活的现实性和社会性的基本训练，我们却以为应该充分接受。举例来说，节制和勤勉等德性看似平淡无奇，却是任何人从事任何事业所必须具备的条件。不能运用自己坚强的意志力量来克制不合理的欲望，其结果必致为欲望所牵制，无法保持自己的节操。又如一味散懒成性，苟且因循，任何学问或事业就都难望有成功。所以我们一方面固然要着眼于国家、社会等大问题，同时也不可把个人方面的种种基本训练完全忘记。

青年修养问题，范围既非常广泛，可以说的话当然很多。这里我们随便举出了上述的两点意见，不知青年诸君以为如何？

刊《中学生》杂志71号（1937年1月1日），署名编者。

改善生活方式

我不愿意就《青年的责任》《青年应该怎样修养》一类的大题目说话。对于这类大题目，自己也不甚了了；勉强拉扯说一番，当然办得到，可是把自己不甚了了的话说给人家听，要想在人家身心上发生作用，岂不是缘木求鱼？而且，这未免近乎欺骗人家，欺骗人家的事儿，我不想干。

我只能把近年来的感受作依据，说一些话。单凭感受，不周全是难免的，错误也可能有。然而我的心是诚恳的，我的态度是严肃的，我决不想写一些敷敷衍衍的话浪费本志的篇幅，欺骗本志的读者。

近年来我很有机会与青年们接触。我觉得青年们中间，除了少数人以外，都有改善生活方式的必要。我并不是说青年以外的壮年人中年人老年人的生活方式都尽善尽美，无须改善。只因为现在要说的是青年，所以把壮年人中年人老年人撇开了。

请先说一此实况，看看一般青年的生活方式。

在学校里上课，不想想学习那些科目为的什么。教师在那里讲，就随随便便地听听，教师出了练习题，就无可奈何地做了交上去。那学习得来的东西本该是成为新习惯化为新经验的，却都看作与己无关的东西，学期考试一过，忘了一半，毕业文凭拿到，忘了全部。

精神方面是普遍的懒散。升旗降旗是何等严肃的仪式，可是懒洋洋地集合，懒洋洋地唱国歌。假如训育先生不怎么认真，索性躲在隐蔽地方伸伸懒腰，挨过那几分钟的时间。运动场上往往只见少数几个“专家”在那里活动。童子军军训课，听说教官请假，倒会起劲地拍一阵手。劳作是一个学期制不成一件东西，种了菜或是豆越来越见得黄瘦。参加什么集会，起初是轰轰地闹一阵，好容易把章程议定，把职员举出来，事情就完毕了。会议时候照例只会乱说，不会讨论；连乱说也不成，只是默然坐在一旁呆看呆想的，尤其多。肯做事的没有做事的条理。怕做事的以做事为多事，信奉“多一事不如少一事”的教条。又怀着一种大可不必的疑惧，深怕被人利用，做人家的工具。不愿被利用，不愿做工具，就只有“明哲保身”，一切不管。

二十岁左右的年纪，就形体上与意念上说，已经与四五十岁的人差不多，很难看出所谓“青年朝气”。

很少人有每天看报的习惯。报纸送来了，抢着看看时事的大标题，算是“有心人”了。其余的或是索性不看，或是对着广告栏里的电影广告出一会神，似乎电影比决定人类未来命运的大战争更为重要。星加坡[①]为什么重要，达尔文港在哪一洲的哪一角，地理教科书里都已说过了的，一时未必知道。

在大学里，青年们口头常用的词语，以“贷金”和“伙食”为最多。“贷金还不发”“贷金不够用”“贷金该增加”“伙食坏极了”“甲组的伙食团办得不好，我要退出了”“乙组的伙食经理有办法，每天还能买两斤肉”，诸如此类。人不吃就活不成，吃诚然是要紧的事儿，可是青年把全副精神都集中在吃上，却是近年来的特有现象。

毕了业要就业，就业的时候，依理说，先得问自己能做什么，然后去就那能做的业。实际可不然，先问那种业有多少薪水，多少生活津贴，认为可以的时候，就是不能做的也勉强去做。随后听到另一种业薪水高，生活津贴多，又想方设法希图改就。服务道德与工作技能全都不考虑，

①“星加坡”，即“新加坡”。——编者注

唯一的目标是拿钱。

“某一个同学毕业出去，薪水四百块，还有津贴和家属米，好运气！”言下不胜其艳羡。“教师没有做头，一天到晚上课，也不过拿这么两三百块钱”，言下不胜其鄙薄。从不曾听见有人说过“某同学做事有真实成绩，我希望将来和他一样”，或“某事有价值，我准备去干”一类的话。“拿钱第一”，事业不管。“混混第一”，成绩不管，那怎么行！

高中毕了业，到公务机关去做事，画图画得不像个样子，做统计错误百出，做书记别字连篇。大学或专科毕了业，当教师抓不住所任功课的要领，当技术人员把事业搅得失败了完事。有一班学习农产制造的同学，毕业之后多数进了新兴的几个酒精厂当技师。不到半年工夫，这个厂停工了，那个厂失败了。虽说有种种别的原因，但是那些新技师的设计和做法也是失败的一个重要原因。

本着“拿钱第一”的信念，大学同学也做起生意来了。什么东西什么价钱，一个月间什么东西的价钱涨了多少，打听得清清楚楚。囤文具，囤化学药品，推广开来，就囤布匹毛线等等。有些青年索性开“寄卖所”，大学里的学分还没有读完，管它，宁可跑来跑去做商品的掮客。一个月可以拿到一两千块钱呢，足够的学分哪里换得到这么些钱！

一个大学毕业的同学，当了某省某厅的出纳，冒开支票想侵吞公款，一开就是二十多万。事情被发觉了，几乎受到枪决的处分。这虽是一个特例，却使人发出无限感喟。物价高涨生活艰难的影响，把一些青年清明的神思搅糊涂了，眼前只认得钱，只想要钱，道德和法律都不妨丢在脑后。如此情形，将来何堪设想！

实况是列举不完的，我想就此为止。从以上所说的实况来看，我以为青年们现在这样的生活方式实在要不得，就是国家承平社会安康的时候也要不得，在抗战建国的今日，在决定人类未来命运的今日，尤其要不得。为什么要不得？因为从中看不到一些儿理想的影子。

人不能没有理想，没有理想只能糊糊涂涂地活下去，反省一下就会感到无聊，感到没意思。肚子吃饱了，身体穿暖了，活是活得成了，但是活下去做什么呢？回答不上来，一定索然，自觉与禽兽无异。有了理想就不然。咱们一天天生活下去，好像黑夜航行在海里的船，理想就是招引咱们的灯塔，咱们要生活，要努力，就为要到达那座灯塔。

理想的内容，人人可以不同。但是在今日，咱们有个共同的基本的理想。怎么是“共同的”？就是说，事实上人人需要那个理想，理论上人人应有那个理想。怎么是“基本的”？就是说，那个理想是一切其他理想的基本，假如那个理想不能实现，就谈不到其他理想。那共同的基本的理想是什么？就是“抗战必胜，建国必成”。不要说这样的八个字是标语，是口号，稀松平常。要知道标语口号正是大众理想的表现，只把它写在纸上，喊在口头，当然稀松平常。如果要把它实现，成为事实，就得大众都来努力……更不是无事寻烦恼特地找个题目来做做的事。只要不忘记历史教科书和地理教科书里的叙述，就会知道这是每个人的事，而且是非做不可的事。要做到怎样才算数？就在一个“胜”字和一个“成”字。在这两个字上，标明了咱们的理想。

青年们如果怀着这个理想，生活方式必然会与前面所说的不同。第一，必然会唯恐不及地充实自己。服务道德必求其到家，工作技能必求其完善，因为唯有这样，才可以实现理想。现在的学校教育不满人意，这有种种原因，一时恐也难以改好。青年们为充实自己起见，必然会把依赖性的“受教育”转变为主动性的“自我教育”。教师教课马虎不管他，咱们自己却要认真学习。学校训导松懈不管他，咱们自己却要严格自律。教师和学校不能好好地干是他们的事，咱们不能因为他们干不好就耽误了咱们自己，同时耽误了理想的实现。这是所谓“反求诸己”，并不是一种玄虚的理论，只要想做，肯做，谁都办得到。

原来“教育”这个词儿，如果解释得繁复，几本书未必说得完；简单的解释，一句话就可以说尽，就是“养成好习惯”。怎样的习惯才算好？能使才性充量发展的是好习惯，能把事情做得妥善的是好习惯，能使公众得到福利的是好习惯，大概也不过如此而已。所谓“自我教育”，就是不去依傍他人的力量，自己来养成这些好习惯。青年们如果怀着理想的话，如果热切期望实现理想的话，那么急于养成好习惯的愿望自然会像火一般地燃烧起来。青年们虽然不像将士一样在前线打仗，可是大家都知道，现代战争的决定因素不限于军事。军事有办法，其他却极糟糕，胜利还是没有把握的。一个人不守秩序，一个人办不好事，一个人技术低劣，看来好像关系很微细；但是多数人不守秩序，多数人办不好事，多数人技术低劣，关系就重大了，这将抵销军事的成绩而且还有欠额，结果将得不到“胜”而得到“败”。怀着理想的青年谁肯做这样的“一个人”呢？不肯做，就得整饬自己，训练自己，养成种种好习惯。

别人如何且不管，总之先把自己做成一个问心无愧实际上确然无愧的人。每个青年都不肯做这样的“一个人”，也就不会有这样的“多数人”了，这才有实现那个“胜”字的指望。

说到建国，那头绪太纷繁了，不知有多少事需要做，非但做，而且一定要做得妥善，才会实现那个“成”字。青年们如果怀着理想的话，如果热切期望实现理想的话，就该问问自己的实质，能够在建国的大题目下做一件事吗？能够把一件事做得妥善吗？其时必将万分焦急，连觉也睡不熟。焦急之余，必将整饬自己，训练自己，养成种种好习惯。于是认识也与一般人不同了。一般人说，我国现方着手建设，可做的事很多，青年不怕没有出路。而怀着理想的青年却说，在建国的许多事项中，我们能做某一项，我们要把它做好，成为“建国必成”的一个因素。

现在同盟军与敌人作战，虽说从具体的估量上，同盟军有胜利的把握，可是在真正取得胜利之前，咱们不能不从最坏的方面打算。万一同盟军失败了，世界就将进入黑暗的时期。如果到了那个时期，咱们将被黑暗吞没呢，还是与黑暗奋力斗争，扑灭了它，迎接新的光明？怀着理想的青年们打算到这一层，势必检讨自己的实质，我有爱着光明的热诚吗？我有排斥黑暗的坚志吗？我有与黑暗斗争的力量与技能吗？检讨之余，必将唯恐不及地整饬自己，训练自己，养成种种好习惯，以便应付那一场或许会到来的斗争。只要坚持光明是必须迎接的，黑暗是必须排斥的，自当作这种不能没有的准备。

“自我教育”好像是个人的事，其实凡是人的事决不会是个人的，个人的思想行动必然牵涉到别人，思想行动必然在群众中间表现，所以养成好习惯须特别偏重在群的方面。在群的方面有了种种好习惯，其人还会有问题吗？在群的方面恪守秩序，在群的方面办好事，在群的方面修炼技能，这可以概括合理的生活方式的全部了。不要说别人马马虎虎，我也不妨马马虎虎。要知道别人马虎是别人的事，我管不着，为了我的理想就不应该马马虎虎。这样办法好像是冥心孤往，怪寂寞的。其实不然。所谓“德不孤，必有邻”，你取了这样的生活方式，必然有同样的人来做你的同志。同志的最确切的意义，该是互相督促互相激励的一群人中间的一个。有一群人在一起，理想相同，生活方式相同，各人自我教育，同时也就是彼此互相教育，这是多么有劲的情形，哪里会感到寂寞？这样的群扩大开来，直到包括我们青年的全部，一切情形该会大大地改观吧。即使一切的壮年人中年人老年人都不行，单靠这样一批青年，就将开个新局面。何况壮年人中年人老年人也不全是废料，他们只要有理想，也会像青年一样振作起来。

目前物质生活是一般的苦。可是要知道，在一个国家排除患难辛勤缔造的时候，在许多国家为人类未来的命运而奋斗的时候，个人吃些苦是本份中事，算不得什么。前线的将士可以吃苦，修公路造飞机场的工人可以吃苦，努力生产各种资源的农工可以吃苦，战区和沦陷区的同胞可以吃苦，为什么青年们就不能吃苦？这是回答不上来的。固然，现在有些达官贵人和富商巨贾，他们与从前一样有丰厚的享受，他们并不吃苦。可是他们的生活方式该不该如此，自有公平而严正的批判在，青年们决不该把他们认作标准，以为自己也要与他们一样才满足。饭还可以勉强吃饱，衣服还勉强可以对付，就是了，坏一点儿破一点儿有什么关系？成天到晚为了物质享受不满足而感到烦恼，成天到晚想着“钱！钱！钱！”，自己没有做侵略者的奴隶，却先做了物质与钱的奴隶了。这样的生活是怀着理想的青年所不能堪的。怀着理想的青年以接近理想为乐，以实现理想为乐，以不能实现理想为苦，以理想的实现被障碍为苦，苦乐都跟物质与钱不相干。从前颜渊一箪食，一瓢饮，居陋巷，人不堪其忧，而他不改其乐。他是假装这么一副样子，希望受到孔老先生的称赞吗？他是天生的贱东西，不辨物质的好歹，所以得了很差的一点儿享受，就沾沾自喜吗？都不是。他在物质生活之外，自有他的精神生活。他的精神生活很充实，很丰满，使他乐不可支，物质生活的简陋与它比起来，简直微细到不足齿数了。所以，仅仅知有物质生活的人，要他不要想到物质生活简陋的苦，是千难万难的。就是用强制的功夫硬要不想到，也只能见效于一时，决不能终身以之而不变。但是知有精神生活的人，也就是怀着理想的人，物质生活优裕他也过得来，物质生活简陋他也无所谓。在没有简陋到不能透气的时候，也就是他还是活着的时候，他决不忘却他的理想。接近理想，实现理想，乐在其中矣，他还计较什么吃的穿的！青年如果都怀着理想的话，我相信人人可以达到颜渊的境界，那种境界决不含有什么神秘性在里头。

我是中年人了，自问还不是废料，我与多数正当的人一样怀着那共同的基本的理想，我热诚地要迎接光明。凭我的感受，我认为多数青年的生活方式照此下去，前途实难乐观。我描摹不出我心头的着急。今天写了这么一篇文字，复看一遍，还没有畅达我的意思。其实即使畅达了，还不是人人常说的一些普通意思？普通意思不妨复说一百遍，只要每说一遍能有一句两句话打动人心，发生实际的影响。我希望我的话有一句两句对青年们发生些影响。

1942年3月25日作，刊《中学生》战时月刊55期，署名圣陶。

五足年了

本志这一期出版的时候，我国的反侵略战争延续了五足年了。在这五足年之中，局势的演变如何，今后的归趋如何，本期中另有文字谈到，这里不多说。这里要说的，这五足年的期间，有许多青年是长成了：那长成不但在体魄上，尤其重要的，在意识上和实践上。可是，也有许多青年在一阵愤慨和兴奋之后，逐渐松懈下来，至于只顾到个己的目前，差不多忘记了我国和敌人正进行着你死我活的斗争。如果所有青年乃至所有非青年，都在这五足年间，意识上和实践上得到长成，那前途准是光明的，毫无问题。可惜事实上不尽然：竟有这么些人，面对着时代的教训，没有什么理会，甚至受了负面的影响，走上颓唐和自杀的路子；那就不容乐观了。

不要说社会国家的大事不是一个人管得了的。要知道单靠一个人，诚然管不了社会国家的大事；但凡是事总得有人管，无数一个人都来管，就是“大”事也管得了了。我是无数一个人中间的一个，如果抽身出来，总数里就少了我一个；如果多数人都像我一样，抽身出来，那就连些微的小事也管不了，莫说社会国家的大事。并且，如今摆在咱们面前的真是一件人人有份的大事。咱们管不了这件大事，结果是国家民族的覆亡。国家民族的覆亡不是一个空口吓人的说法，那是直接影响咱们每一个人的生活的；将使咱们的物质生活贫乏到极点，将使幸福的合理的生活成为永难实现的梦。即使不从大范围着想，个人愿意并且能够忍受这些个吗？那当然谁也不愿意并且不能够的。既然不愿意并且不能够，就得管摆在咱们面前的这件大事，没有一个人可以在例外。咱们非把这件大事办好不可；换句话说，对于侵略主义的敌人，非战胜他们不可。咱们要有战胜的信念，要有与信念配合的各项实践。

实践的首要一项是充实个己。认识不明，操行不谨，技术不精，工作不勤，都属于不充实的一方面；因为这样的人，他的生活像个空虚的袋子，内容没有什么。他也就是并不热爱生活的人。幸福的合理的生活，在他似乎也无所企羡。咱们如果热爱生活，以幸福的合理的生活为目标，自当反其道而行之，力求个己的充实。在认识上，在操行上，在技术上，在工作上，都注重于基本训练，务期足以肆应一切；这是到达充实的路。能够肆应一切，自然也管得了摆在面前的这件大事，实现得了怀在心头的这个信念。

莫要推诿说环境不良。环境良不良，当然要认识清楚；但是，即使不良的话，决没有理由说，就此可以不必求个己的充实。环境不良，须要把它改变；个己不充实，怎么能把它改变？

莫要一味地责备别人。在责备别人之前，先得省察个己是否已经充实了，是否没有可受责备之处。如果答案是否定的，力求充实个己尚恐来不及，哪有闲暇去责备别人？

要考查力求充实的有效与否，可用下面的话作为测验题目，就是：在我国抗战建国的今日，在我国与同盟国家扑灭侵略主义准备建立世界新秩序的今日，我的认识、操行、技术、工作，能够与时代配合，有一点儿（哪怕是最微小的一点儿）的推进作用吗？

充实个己原是任何时代的人都该做的，可是，在今日才更其重要并且必需。希望大家于此用力，即使从今日开始，开始了总算不嫌迟。并且希望，用上面的测验题目考查的时候，大家的成绩都是优良的。

1942 年 6 月 21 日作，刊《中学生》战时月刊 57 期，署名圣陶。

德目与实践

学校里往往提出一些德目来，作为同学们修养的标的，最显著的就是校训。此外如若干“德”，若干“信条”，若干“守则”；有的是几个名词，有的是几句话语，这些与校训有个相同之点，就是：无非抽象的原则。

凡属德目，几乎可以说没有要不得的。就像“忠”字，从前的意义是忠于君，现在不是君主时代了，似乎要不得；但是把它重行解释过，就是忠于国家，忠于社会，那岂但要得而已，简直是现在必不可缺的一个德目。原来德目都是基本的“为人之道”，因为是“基本的”，所以不受时间的淘汰，忠于君固然没有这回事了，而对于国家社会竭尽心力，以求它的持续的繁荣，这还是个“忠”。“忠”的意义尽管可以改变，而“忠”这个德目历久不磨。

以上说的很容易明白，不必啰嗦。咱们现在要讲到两点。

第一点是：德目不该是挂在口头的语言，写在纸面的文字，而该是贯彻一切行为的态度和精神。能说德目的字眼，能懂德目的意义，这与“为人之道”都不甚相干。“为人之道”必须要“为”，“为”就是“做”，就是实践，要让行为的态度和精神合得上德目，那才算尽了“为人之道”。一个人心里不想德目，口里不说德目，他的人格也许十分完满；另一个时时想着德目，说着德目，他的“为人之道”却未必到家。这由于一个能够实践，一个却把德目与实践看作两橛了。看作两橛的时候，种种德目都是外在的东西，虽然美好，对于自身并无受用之处。能够实践，自身便是德目的化身，才是真实的受用。所以，七分八分的想和说，不如一分二分的实践；当然，能做到七分八分乃至十分的实践尤其好。

第二点是：实践就只在平时的一举一动一言一笑之间，并非说在平时的一举一动一言一笑之外，还有一种实践德目的行为在。咱们在前面说过，那些德目都是抽象的原则，如果仅是抽象地去理解，去讨究，就很容易发生错觉，以为平时的一举一动一言一笑太平凡，要实践德目，得在另外一种不平凡的行为方面去着力。然而不平凡的行为哪里有呢？咱们人干的，无非吃呀喝呀见人呀谈天呀学什么呀做什么呀那些平凡的行为。不在那些方面着力，又哪里求个着力之处？所以，对于德目，抽象地去理解，去讨究，是没有用的；必须具体地去实践，就在种种平凡的方面去实践，使那些个都合得上那种态度和精神。譬如“礼”和“义”两个德目，抽象地去理解去讨究的时候，不过是两个概念罢了；没有这两个概念，人生未必缺少了什么，有了这两个概念，也未必充实了多少。若要等待遇到不平凡的行为，然后应用这两个抽象的概念，那更是“不可得之数”；结果自然我自我，礼义自礼义。另外一条路子，便是一点一滴地、无间无歇地实践。当升旗降旗的时候，你行礼，你唱歌，心中确然诚意，外貌确然恭敬。当运动游戏的时候，你努力，你竞争，做到胜而不骄，败而不馁，也决不用欺骗的办法取胜或讳败。当与人同在一起的时候，你谈笑行动，无拘无碍，决不说一句无聊的话引起别人的不快，决不做一个扰乱秩序的动作使别人感到或重或轻的不安。当与人交谈的时候，你发言运思，毫不勉强，内心绝对地真挚，容态绝对地诚恳。诸如此类，你就实践了“礼”了。该做的事，如学校里的功课，职业方面的任务，你决不放松，定要把它做好。该帮助的人，如困苦的朋友，负伤的士兵，你绝不视若无睹，定要尽可能给他们一点帮助。

对于没有道理的事情，如赌博，如欺侮他人，你能够戒绝不做；非但以前不做，将来也决不做。对于没有道理的势力，如日本帝国主义，如反动的种种社会现象，你能够深恶痛疾；深恶痛疾之外，更把你的力量拿出来，与别人的力量合在一块铲除它们。诸如此类，你就实践了“义”了。像这样礼和义贯彻了你的一切行为，你的心头口头也许从不会礼呀义呀地想过一回，说过一遍。

因见学校训育，颇有对德目抽象地去理解去讨究的倾向，恐怕同学们无从着手，得不到受用，所以写这篇短短的谈话。

1942年7月2日作，刊《中学生》战时月刊57期，署名圣陶。

充实的健全的人

我们对中学生诸君进言，一向劝诸君自学，做“为己之学”。教师或旁人无论如何胜任，无论如何热心，总之不过在先作个引导，从旁作个帮助；脚踏实地一步一步学习上去，全靠诸君自己。学习又得跟整个生活打成一片；学得的一点一滴，必须化而为生活的营养料，才有受用。这些意思都浅近不过，就是没有人说，诸君自己想想也就明白。可是想明白跟照样做，其间还一段距离。我们切望诸君想明白之后随即照样做，而我们与诸君之间的交通路线只凭刊载在本志（《中学生》）的一些文字，于是文字中就不免屡次提起这些浅近的意思，看来有些絮絮不休似的。愿诸君不要烦厌我们的絮絮不休，愿诸君鉴谅我们对于你们的忠诚。

我们想，需要充实的健全的人，再没有比现在更急切的了。就国内说，千万项的事业要兴办起来，无尽藏的资源要开发起来，学术文化至少要够得上世界一般的水准，工作服务至少要不缺乏我国传统的美德，这才能成就建国大业。就世界说，一班讨论战后问题的人差不多有相同的意见，就是各国人都得有或多或少的革故更新，把思想改得更明澈些，把胸襟改得更阔大些，这才能和平相处，奠定世界新秩序的基础。要实现这些个，全靠充实的健全的人。少数人充实健全不济事。充实的健全的人愈多，成效愈大。请记住，现在是这样的一个时代。

咱们有整个的教育系统，从小学至大学有各种的学科，除了学科而外，有环绕咱们的事事物物，足以引起咱们的思维与觉解：这些个咱们都不比人家短什么，依理说，咱们的学习至少该像人家一样的好。假如咱们很少成就或竟没有成就，那一定是学习的精神上跟方法上出了毛病；虽然教师或旁人也不免要负点儿责，但主要的还在咱们自己。只有咱们不想把自己充实起来健全起来，学习的精神上跟方法上才会出毛病。如果感觉充实与健全的必要与急切，咱们的学习必然会走上正当的路子，收到应得的成效。

我们时常留心学校的成绩，不凭书面口头的标榜，不凭大略估量的统计，而从骨子里去看，不免感到前途未可乐观。考卷是成绩，我们亲眼看见与听人说起的关于考卷的趣事与笑话太多了。（其实哪里是趣事与笑话！）考卷还只是成绩的小部分，要看整个莫如看人，人表现全部的成绩。看人的结果，我们不愿意具体地说，说来叫人气短，总之距离最低限度的期望还有一段儿。需要充实的健全的人，现在是这样的急切，而这样的人的增多，却不很看得见朕兆，若说忧患，该没有比这个忧患更大的了吧！

要给成绩不好做辩护，我们知道可以举出种种的理由，环境不良啊，设备不周啊，心情不安啊，还有其他。可是，理由即使有一百种，也抵消不了学习者本身上的缺失，就是不想把自己充实起来，健全起来。这种缺失不能弥补，所举种种理由即使不存在了，成绩也未必就会好起来。本身没有这种缺失，抱着“充实第一”“健全第一”的意志，必然能把有碍的种种理由克服，走上“自学”“为己之学”的途径，表现着完美的成绩。种种理由当然是客观的存在；可是我们以为不必引来辩护自己，宽慰自己，最要紧的是问问自己到底想不想把自己充实起来，健全起来。

想想吧，这个时代，这个国家，这个世界。学习，学习，所为何来？生活，生活，所为何来？这些虽是近乎哲理的问题，但做一个人，你要不含糊，不马虎，就必须解答这些问题。解答之后，充实自己，健全自己，将是必然达到的结语。于是一切学习（不只限于学科方面）也将以全然不同于往日的精神跟方法来进行，结果完成个无愧于当世的人。人人都如此，咱们就没有忧患了，咱们的前途绝对乐观。

1943 年 9 月 1 日作，刊《中学生》战时月刊 68 期，署名圣陶。

略谈音乐与生活

学校里都有音乐功课，上课时候由教师教一两支歌。可是试在学生休闲时间留心，学生似乎一致排斥教师所教的歌，很少听见他们唱。他们宁愿哼些地方戏，地方歌曲，平剧，电影歌词，乃至英语歌曲。他们唱这些东西并不循规蹈矩，只是随意遣兴而已；譬如唱平剧，马马虎虎，反反复复念着“我正在城楼观山景”，就算在那儿唱了；其实这不成为唱，只能说是哼。

在集会的场合里，酒酣耳热，兴高采烈，往往有人被拉出来独唱。这些被拉出来的人往往是专门家，至少也得有一手。而与会的人齐声合唱的事却绝无仅有。仿佛正式开会的时候唱国歌，是因功令规定，不得不勉强敷衍，若能躲避，还是乐得不开口；至于自动地一齐合唱，那是从未梦想到的事，要说遣兴作乐，自有打趣说笑，猜拳赌酒那些办法在。

以上信笔写了些实况。根据这些实况，可见享受声乐这回事儿，在我国实在并不普遍。这一定是音乐教育方面出了什么毛病。我国自从施行新式教育就有音乐的课程，可是几十年来没有收到效果，一般人生活上得不到音乐的补益：教育家尤其是音乐教育家应该把其中的毛病找出来。咱们不该漫谈自夸，咱们中国自古是礼乐之邦；咱们应该认清实况，咱们现在是不会享受声乐的民族。出几个歌唱家，在都市里开几次独唱会，即使足与世界的名家并驾齐驱，也不能算是音乐教育的成功；必须一般人都受到音乐的滋养，能够唱，能够听，能够使生活进入更高更充实的境界，那才是成功。

音乐可以说是群性最丰富的艺术。单就声乐来说，你唱一支歌，无论自编的或现成的，只要你认认真真地唱，当一回事儿唱，你就宣泄了你的某种感情。人家听了你的歌，声入心通，也引起了某种感情。这当儿，你跟人家不但形迹上在一块儿，而且感情上也融和起来了。不问那感情是欢乐还是哀愁，总之你不并孤单，你的欢乐有人分享，你的哀愁有人共鸣。再说合唱。许多人合着和谐的旋律，同唱一支歌，假若个个人认认真真地唱，当一回事儿唱，就人人会觉得“小己”扩大了，扩大而为同在合唱的“一群”；也可以说“小己”融化了，融化在同在合唱的“一群”里头。感染，激动，团结，组织，都是人群间重要的事项，而音乐却有达成这些事项的直接作用。我虽然不懂音乐，可是就常识而言，我相信音乐教育必须特别着重它的群性；而一般人了解音乐，享受音乐，也必须特别着重这个群性。因为个人跟人家共哀同乐，小己扩而为大群，与大群融和。这就是生活进入了更高更充实的境界。

回忆抗战初起的时候，各地回荡着“冒着敌人的炮火，前进！前进！”的歌声。唱的人不但用口来唱，而且用赤诚的心来唱，抗战的精神不久就普遍到“全面”了。这是音乐的群性作用收到效果的真凭实据。音乐若能在各方面多多利用，其效果自当不可限量。

我不说音乐高于一切，最最重要；可是我相信音乐也是一个重要的文化部门，跟它疏远了，在个人就缺少了一条进入更高更充实的生活的途径，在大群就缺少了一种感染、激动、团结、组织的力量，关系实在不小。这里把想到的一些写出来，希望音乐教育家跟读者诸君加意。

1944年2月17日作，刊《中学生》战时月刊74期，署名圣陶。

改革艺术教育

如今学校各科教学，都说不上近乎理想，退一步求其像个样儿，也往往做不到。各科中间，属于艺术部门的图画、音乐尤其糟。在学校当局的意念中，这些学科只是课程的点缀品，功令既有规定，就不得不敷衍一下，实际上是可有可无的，属于顶不重要的范围。我虽然没有做过统计，但是根据我的经验，这样想的学校当局必然占大多数。在担任这些学科的教师方面，依理说，既然担任得下来，应该明白这些学科的教育价值和教学方法。可是，恕我老实说，他们多数是学书学算不成才改学艺术的。这在出发点上就错误了。他们以为艺术比书算容易，不大需要用心用力，即使凡才也可以勉强对付，错误实在不小。出发点既经错误，他们的成就可想而知了。凭他们的成就去教学生，要求教出好成绩来，当然难乎其难；且不说别的，单看学生的反应就可以知道。艺术是多么有兴趣的事儿，可是学生往往不发生兴味，图画只是乱涂一阵，音乐只是乱喊一阵，这个学期如此，下个学期也如此，直到毕业，还离不了乱涂乱喊的阶段。如果担任教师对于艺术学科的教育价值和教学方法明白一点，熟练一点，该不至于这样。

普通学校设艺术学科，目的当然不在于使学生成为画家、音乐家。教学生学习图画，在于使他们精密地观察物象，辨认形象的美和丑，和谐和凌乱，并且能够把所见所感的约略地记录下来。教学生学习音乐，在于使他们能用声音表达出感情和意志，尤其当合奏合唱的时候，个体融和在群体之中，可以收到人格扩大的效果。这些看法似乎不怎么重要，其实非常重要，好像没有什么实益，其实有广大的实益。如果学生既能了解又能实践，就个人说，就将终身受用不尽，就社会说，就是进入美善的一个重要因素。这是最浅近的常识，主持教育的人不应该不知道。而现状却是大多数人看轻艺术学科，认为可有可无，我不能不抗议。

如果认清了艺术学科的意义，教学方法就该彻底改变，把现行的办法彻底改变。教学图画，该把依样临摹的方法完全废除，让学生以目接物，以笔写物，目与笔都直接与事物打交道，不再借径于样张和范本。教学音乐，该把随口嚷嚷的方法完全废除，让学生锻炼声音，成为正规的乐音，并且能把情意融化入声音，内外一致，无蕴不宣。把艺术的理论向普通学生讲说未免多事，可是在教学之中，不可不含有理论的精义在内。让学生在动手作画开口唱歌的当儿，自然领悟到理论的精义，那是最便捷并且最有效的方法。基本练习最不可马虎，素描必须求其准确，练音必须求其纯正。学习态度开头就严肃，兴趣就跟着来了，进步自然容易了。

我是艺术的门外汉，但是门外汉也许旁观者清，感到艺术教学亟须改革。又从教育的观点着想，认为艺术教学若不改革，教育即使进步到理想的境界，总之还缺少一角，算不得完全。我想引起艺术家们的注意，请各位在举行展览会演奏会之外，还对改革艺术教学尽一份力。专家们的倡导和方案，必然比门外汉的有力并且切实。因此，乘王希瑾先生命作文稿的机会，写了这篇短文。

1945年2月26日作，刊《新艺》1卷2、3期，署名叶圣陶。

享受艺术

本志创刊的时候，原拟经常刊载关于艺术的材料。创刊号中有一首《少年》歌，歌词与曲谱全是新作的。又把刘开渠先生的“无名英雄像”的照片制版印出，并且特撰一篇文字，讲述那个铜像，连带谈到雕塑艺术。第四期中曾经谈过敦煌的壁画。再往后就冷落了，有关音乐、绘画、雕刻的材料简直绝了迹。这是我们深感不满的。只因找不到给我们帮助的朋友，虽然深感不满，没法立即改善。到今年总算好一些了。冶明先生给我们写关于绘画的稿子，眼光与手法兼顾，又切实，又浅近，对于少年们是非常有益的。最近我们又添加了名画介绍，把名画印出来，就按照那幅画讲一些话，或说画法，或谈看法，或指示源流，或分析派别。关于其他的艺术部门，也希望在最近期间都能触着一些。

与艺术接触是一种享受。接触艺术可以分两方面，一方面是创造，一方面是欣赏，创造与欣赏都是一种享受。

眼中看见了一番可以感动的景象，心中想着了一番值得玩味的景象，把那景象画出来，画得非常之好，不但自己感动，叫别人也感动，不但自己玩味，叫别人也玩味。那时候，心中的快乐与满足还有什么比得上的吗？这是创造方面的享受。听人家唱歌或者吹弹乐器，唱的奏的若是活泼愉快的调子，听着的人也觉得自己活泼愉快了，宛如树林中的小鸟，溪沟里的流泉；唱的奏的若是激昂慷慨的调子，听着的人也觉得自己激昂慷慨了，宛如赴难不惧的勇夫，拔剑而起的义士。那时候，心中一些卑鄙、琐屑、自私自利的想头全溜走了，思想和情绪进入了一种较高的境界。这是欣赏方面的享受。

人人应该有这种享受。人人可能有这种享受。

为什么说人人应该有这种享受？艺术原是社会的产品，好像稻和麦是社会的产品一个样。凡是社会的产品，依理说，该由社会中人共享，不该为某一些人所独有。吃了粮食，可以饱肚子，可以把生命延续下去；接触了艺术，可以饱精神方面的肚子，可以使生命进入一较高的境界。这是一种权利，若不是被剥夺了，谁愿意放弃呢？

为什么说人人可能有这种享受？人与人原相去不远的，彼此的思想和情绪虽有种种的差别，可是那差别只在于程度上（如说此深彼浅，此厚彼薄，深浅厚薄都是表示程度的形容词），不在于质地上。因此之故，一种非常高妙的艺术品，普通人也能够欣赏，他虽不能够把滋味完全咀嚼出来，总能够领会到一点儿。至于创造，上好的艺术品固然要功夫深的人才能创造，但是功夫浅的人也可以创造他的艺术品。他的艺术品或是幼稚些，或是欠完美些，然而与上好的艺术品正是同类的东西；再加修习磨练，也有创造上好的艺术品的希望。

由于上面说的应该有与可能有，所以从幼稚园小学校起，教育中就有艺术的项目。

但是，就实际情形考察，学校中的艺术教育太随便了。譬如唱歌，拉开喉咙唱几句就算了，不注意歌词，不注意曲谱，不注意声音的训练与感情的表达。又如画图，按照样张临一幅就算了，不注意思想，不注意观察，不注意实物的描写与画面的安排。因为太随便了，少年们觉得那是些不知道为什么要做的事情，那是些没有什么兴味的事情。接触艺术，本该是大有兴味的，而竟觉得没有什么兴味，少年们太吃亏了——失去了应该有并且可能有的一种享受。

我们希望艺术教育能够改善，让少年朋友在学校里得到那真实的享受。我们这个刊物是少年们的课外读物，愿意经常刊载一些艺术的材料，帮助少年们得到那真实的享受。

1947年8月1日作，刊《开明少年》26期（8月16日），署名编者。

敬告在校青年

办学校为的是学生。要学生品德好，知识广，能力强，才办学校。不为这些个目标，办什么学校？

学校里的人物有两部分，教师跟学生。教师得认定这些个目标，在各方面想方设法，尽心竭力，让学生受到实际的益处。学生也得认定这些个目标，在各方面为自己着想，随时力求改进，逐步逐步地把自己充实起来。这样地认识一致，行动配合，学生在校一天有一天的长进，才不失办学校的宗旨。

以上说的是原则上的话。在旧社会里，总不能照样办到。试想，国民党统治下的学校教育什么样儿？一般地说，无非想把学生造成统治阶级的帮手跟奴才，很少顾到让学生本身得到什么好处。大部分学生为着自己的利益起来表示，起来争，教育行政当局就加以压迫，不惜运用最严酷的手段。彼此之间形成了尖锐的对立。一部分教师也深知这不成样子，其中坚强的就站在学生方面，给与维护跟声援。但是，学生所受的压迫这就临到教师身上，教师同样地成为统治阶级心目中的罪人。在这样的情形之下，哪儿还说得上学生在校一天有一天的长进？——长进还是有的，然而不是从学校教育得来的，不该记在学校教育的账上。

唯有在解放了的地区里，才能根据以上说的来办。解放区的政治原则是为人民服务，学生也包括在人民中间，自然得周密妥帖地处处为学生着想。学校民主化了，学生有了集会的自由，通过种种的集会，学生都可以对校务跟课业表示意见。教育行政当局跟学生之间没有什么对立，教师跟学生亲密地站在一边儿。在这样的情形之下，只要彼此认真地干，学生在校一天，准会有一天的长进，学校教育才真的显出它的功能。

我们愿意提醒在校学生，请特别看重这种可贵的情况。在校务跟课业方面，要热切地经常地关心着。无论建议或批判，总得以使自己不断地长进为标准。又要衡情酌理，实事求是，不作过高之论，不让虚幻的想头跑野马。目前一切都在改造之中，头绪纷繁，不能一下子全部改造，只能拣紧要的可行的先来。一回两回的改造不见得就会近乎理想，只要一回比一回有进步就成。再说，态度方面总得诚恳笃实，即使反对什么，也不宜浮躁轻率。对于高明的教师，当然一致信服。就是不太高明的教师，或者见解上差点儿，或者教学上松点儿，他们必然各有所以然的原因。找到了这些个原因，尽不妨向他们进言，请他们为了学生的长进，把以往的作风根本上改一改。这就是诚恳笃实。总之，好的学风待教师跟学生共同养成，可是尤其重要的还在学生。好的学风养成了，学生在校里就好比鱼在宽广的水里，游泳自如，无往不宜，不断地长进，这才有了保证。

刊《进步青年》创刊号（1949年5月4日），署名圣陶。

德智体三育

学生入学受三育，德育、智育、体育。

三育要全面发展，不宜偏颇。前些时有个习用语叫作“智育第一”，是含有贬义的，“第一”二字表达偏重的意思。

仔细想想，只要教师按照教育的道理教，学生按照教育的道理学，非但不会有偏重的毛病，而且能收到一箭双雕的实效。一箭双雕是个比喻，指教学活动中同时发展了两育或者三育。

课堂里的各门功课都是智育。

但是，学习任何功课都要求严肃认真。譬如做几个练习题，一要力求其不错，二要尽可能迅速。做一回实验，点个酒精灯，拿个试验管，倒几种应用的液体，写一份实验报告，都得按照一定的程式，丝毫不容马虎。练一回作文，必得写自己理解的事物或者道理，不能把空话假话乱写一通。诸如此类，不是都跟德育相关吗？

体操自然是体育了。

但是，体操同样要求严肃认真。譬如排队必得排齐，横行直行都得排成一直线。伸手臂必得伸直。弯腰该弯多少度必得弯到多少度。诸如此类，就跟德育有关联了。

各种体育竞技自然也是体育。

但是，参加体育竞技，平时要锲而不舍，勤奋锻炼，临场要全神贯注，勇往直前，临了要能够胜不骄而败不馁。我国参加国际体育竞赛，提出的口号是“友谊第一，比赛第二”诸如此类，岂不是德育方面的要求吗？

如果不以知其然为满足，还要知其所以然，最浅近的如排队排齐对集体有什么好处，手臂伸直，弯腰合度，对体格有什么好处，比较深奥的如提出“友谊第一，比赛第二”的口号为的是什么，那又关涉到智育了。

有没有单纯的空无依傍的德育？

似乎没有。德育总跟智育或者体育结合在一起。

认真学习本国历史和世界历史，认真学习本国地理和世界地理，才能真正懂得祖国之可爱，社会主义之好。认真学习数、理、化、生，才能真正下定决心，为四个现代化献身。

例子无须多举，不妨总括地说，学生是从各项训练中，从各门功课的学习和实践中，逐渐形成他们正确的世界观的。世界观虽然被认为是德育，但是决不会凭空形成。世界观的形成必得通过跟事物密切相关的智育和体育。

末了再加记一笔，如果教师学生双方都按照教育的道理做，那么三育的关系大致如此。我这回想的就只是这一点意思。

1979年12月17日作，1980年1月起，连载于《文汇报》“教育园地”栏目的《晴窗随笔》中的一篇。

学生守则

一九七九年九月初，教育部颁发了《中学生守则》和《小学生守则》的试行草案，这是很关重要的一件事。以前有过《守则》，受到恶浪的冲激，消灭得无影无踪了。为恢复学校的秩序，收到教育的实效，重订《守则》来试行当然很必要。

学校接到了《守则》，该采取怎样的措施才能收到实效？我来试想一下。

把《守则》用大字抄写贴在墙上，或者油印一下，每个学生发一张，那当然是不够的。老师对学生逐条讲一通，或者进一步，要求学生把《守则》念熟，能够背诵，行不行？也还是不够。

为什么不够？只要从“试行草案”的“行”字着想，就可以得到回答。《守则》是要“行”的，换个说法，就是要“实践”的，而上边提到的那些措施还没有沾着实践的边，所以是不够的。

必须让学生实践《守则》各条才行。

但是《守则》里很有些抽象的话，如第一条的“热爱祖国，热爱人民”，第四条的“坚持锻炼身体”，第七条的“遵守学校纪律，遵守公共秩序”等等。要写成概括的条文，不能不用抽象的话。而要实践这些抽象的话，必得通过日常的思想、态度、行动、言谈才行。譬如说，要在日常的思想、态度、行动、言谈中都表现真正爱国，才够说得上能够实践热爱祖国。这一点是值得注意的。

《守则》里也有非常具体的话，如第五条里的“不随地吐痰”。如果喉头有了痰，才想起这句话，然后把痰吐在纸上或者手绢上，还是不够的。可能有一回两回把这句话忘了，一口痰就吐到地上了。因此，必得把这句话化为生活里的习惯才行。习惯于把纸或者手绢带在身边，喉头有了痰习惯于把痰吐在纸上或者手绢上，想也不用想，像所谓条件反射似的，那才能够保证无论何时何地绝不随地吐痰。具体的话如“不随地吐痰”如此，抽象的话如“热爱祖国”亦然。要在日常的思想、态度、行动、言谈中习惯于爱国，自然而然地爱国，那才见得你真能热爱祖国。

总括一句，《守则》里的具体的话和抽象的话，都要化为生活里的习惯才行，这又是值得注意的一点。

照前边说的注重实践和化为习惯这两点着想，可知贯彻执行《守则》是长期的事，不仅是一两个月或者一两个学期的事；是大家的事，不仅是校长和班主任的事；而且，凡是跟学生有关的人和组织都跟《守则》的贯彻执行有关联，如家长和共青团、少先队等，学校还得尽可能跟他们密切联系，通力协作。

1979年12月26日作，1980年1月起，连载于《文汇报》“教育园地”栏目的《晴窗随笔》中的一篇。

“非重点”

姐妹两个，姐姐是初中二年生，妹妹是小学二年生。寒假前期终考试完毕，学校里的成绩小册子发下来了。姐姐的成绩列全班第一，只有两科评为“良”，其他全是“优”。妹妹也不错，不过轮不到第一。姐姐并没有说什么得意的话，只在神态之间有点儿飘飘然。妹妹相当敏感，嘴也锋利，她朝姐姐说：“别这么神气，在重点中学里，只怕要考到尾巴上去了。”妹妹的小学也不是重点，她对自己考得还不错没有什么表现，无从知道她心里怎么想。

光从妹妹这句简单的话，可以引出好些问题，不是始料所及的。

从妹妹的这句话，可见“重点”“非重点”的差别已经深深刻在她心上，而且断定“非重点”不如“重点”，总归低人一等，不甚光彩。

常话说“一滴水可以知大海”，这个妹妹这么想，许许多多弟弟妹妹不会同样这么想吗？那就是个值得严重注意的问题了。假如好些弟弟妹妹齐声说：“我们愿意好好学习，天天向上，因而不甘心在‘非重点’。”那将怎样切实而且恳挚地回答他们呢？恐怕不能责备他们不应该抱平均主义吧。

再说老师，难道不会跟上边说的弟弟妹妹那样，怀有类似的想头吗？

还有学生和老师以外的其他人，经过耳濡目染，难道不会印象深刻，分别看待，认为确然是此高彼低吗？

还有文件里和报上的评论里常见“必须把重点学校办好”的话，这固然是有必要才说的，可是这句话只能从正面看，不能从反面想。假如从反面想，就是非重点学校无妨不办好，那显然不是文件和评论要说的意思。不过这句话无意中透露了对“非重点”要求从宽，也是真的。

我想，提出重点学校的办法，而且有各级的重点，这就是通常说的集中力量打歼灭战的意思，自是教育战线上的好谋略。我恳切期望这个办法成功，培养出大批全面发展，学能致用的优秀人才。对“非重点”却不免杞忧，由于想起那个妹妹的一句话就来写这则随笔。跟“非重点”

直接相关的有那么多的人，他们实际上不如“重点”，心理上难免有委屈之感。该怎样开诚布公跟他们说清楚，“非重点”绝非不重要，让他们消释委屈之感呢？此外更多的人虽然并不直接相关，却是个舆论的海洋。该怎样实事求是，明白晓畅，跟他们说清楚分别“重点”“非重点”究竟是怎么一回事呢？我以为这两项都是必须认真对待的。

我又想，五中全会公报里说要“确定适合国民经济发展需要的教育计划和教育体制”，那时候可能会就“重点”“非重点”的区别重行考虑，确定的结果可能会使我所虑的真成为徒然的杞忧吧。我希望如此。

1980年4月11日作，1980年1月起，连载于《文汇报》“教育园地”栏目的《晴窗随笔》中的一篇。

暑假期中

将要放暑假的时候，国文教师往往出这样的题目：《暑假期中将作些什么事？》《预拟暑假期中的工作计划》。于是诸君提笔作文，说暑假期中将采集动植物以增益自然科学方面的知识，将旅行各地以增益对于社会实际的了解，还有他项的预计，每一项都有它所以成立的理由。国文教师一看，这些说得不错，就批给一个“甲”字或者“乙”字；意兴浓时，还加上“计划切实”“条理井然”一类的评语。诸君看了当然高兴，不免微微一笑。到这里，作文的事情算是完毕。这些说过的话，原是临到作文、看到题目才想起来的，作文的事情既已过去，这些话就像消散了的浮云一般，不再在心头留一些痕迹。有这样经验的，诸君中恐怕不在少数吧。

这是非常可惜的，很可贵的想念只做了作文的材料。

假若把每一句话都认作真实的话，计划之后，接上去就是实做；那末，两个月光景的暑假期中的长进至少比得上一个学期中的收获。既然想得到，为什么想过就算了呢？闲谈一阵就是半天，无事闲坐又是半天，这样懒散的生活只配衰颓的老年人去过，决不是健旺的青年人应该仿效的。长长的暑假期可以任它没意义地过去吗？

前面说起采集动植物，实做起来，这就是一桩非常有意义的事情。在夏令，只昆虫一类已足吸住你的全部的注意力。乡居的人不用说，就是住在城市里的人也能看到白天出现于窗外、夜里飞翔到灯下的各种昆虫。把它们收集在一起，详察形态，比较异同，趣味当然比闲坐半天丰富得多，或者并不动手采集，只在它们生活场所的周围潜心考察，看它们怎样得食，怎样求爱，怎样取友，怎样拒敌，怎样娱乐，怎样繁殖。这样积时累日，就仿佛展读了各种昆虫的全部生活史。在这不知不觉中间，你的头脑比以前不同了。你将更善于观察和剖析，临到事物，知道哪几点极须注意，而哪几点却无关重要，哪一些是直接、间接的因，而哪一些却是影响所及的果。这观察和剖析的能力的增进是极有价值的，应付不论什么事物都将比以前精密且确当；普通教育所期望达到的目的，一部分原来就在这上边。研究动植物是达到这目的的一条路径，在夏令研究动植物又是便当万分的事情，草木虫鱼几乎同清风明月一样地不用一钱买，诸君何乐而不为呢？

物理、化学的实验也是一桩极有意义的事情。实验要有设备，诚然，设备须靠经济能力，也不容反驳。但是，如果有人提出这样的理由来说明他的无法着手实验，我们就不得不说他善于找出理由来掩护自己的怠惰了。试看本志刊载的《化学讲话》，保罗叔领导他的两个侄子着手实验，不是预先说定，他们一切实验应用的东西都不用外求，只须取一些家里原有的“竹头木屑”一类的东西么？没有设备，你该自己去设备。没有经济能力，你该学保罗叔和裘尔斯、爱弥儿的样，在不费钱的范围以内，完成你的实验的设备。实验的价值也是难以计量的，它叫你得到关于某一原理、某一现象的真实知识；同时又磨炼你的思想能力，使更善于观察事物，立定假设，证实假设。你在暑假期中闲得没事做么？你何不着手物理、化学的实验。

制作又是一桩意义丰富的事情。如果手头有锯、刨、锥、凿、螺丝旋、老虎钳一类的工具（这些是费不了多少钱的），就可以制作实用的器物和试验用的玩具，其次还可以做修理补缀的实际工作。如果家里有一点儿空地，就可以拿起锄头来种地，举起桑剪来修剪树上的枝条。我们的一双手决不能专拿笔和书，它们还得去亲近工具（不论最简单的锥子或者最繁复的机器），因为这是生产的唯一法门。你在暑假期中闲得没事做么？你何不拿起工具来着手制作。

我们也颇知道学校里自然科、劳作科方面的情形。这科是一本书，那科也是一本书；上课的时候，教师是讲书，学生是听教师讲书。讲到的东西固然不同，但从一边讲一边听这一点上说，各科是完全一致的。所以，把学生进学校的事情称为“念书”真是非常切当的说法！在春季或是秋季里，很难盼到的旅行期来了。一队学生里头，有几个背着采集箱，有一个执着捕虫网，在路上看见一只蝴蝶，大家就“网呀，网呀”地乱嚷起来，这就是他们仅有的采集工作。走过田亩，麦或稻正结着实，教师示意一下，大家就向田里乱窜，“这是芒呀”，“这是并行脉呀”，好像看见了未有之奇，这就是他们的“观察”了。至于理化实验，那是教师专演的戏法，是讲书过程中的一个穿插。学生除了把手放在桌面上，又把下巴搁在手背上看变戏法，以外就没有旁的事了。戏法看得好，自不免高兴；有时看到一些拙劣的戏法，变过来时并不和预期的一致，也只闭一闭眼、皱一皱眉了事。这自然想不到自己动手时也可以捕集各种气体，把它们一瓶一瓶藏起来的事情了。

劳作科又怎样呢？一个笔筒雕一个月，一个枕臂又是一个月。和一个竹工的徒弟相比较，速率既远不如，成绩也未必过之。

以上说的自然不是所有的学校里的情形；然而我们相信，多数的学校里确是这样的。学生在这样的教育环境里生活着，没有生物研究的兴趣、没有理化实验的习惯、没有劳力制作的嗜好乃是应该的。如果要归咎，就近说，自然是教师的不是，为什么把一切科目都弄成“念书”呢？就远说，那就怪不得教师，社会状况和教育制度却应负全部的责任。这理由谈到的人很多。这里且不说。我们现在要向诸君提示的是：没有研究、实验、制作的素养是不行的，倘若从学校里得不到这等素养，诸君该自动地修炼起来，这些不比虚无缥缈的信仰一类的东西，勉强要“起信”诚然是办不到的；这些是切切实实的身心活动，而且是非常有味的，一旦涉及它们的范围，便将永远不肯离开。诸君以前不去涉及它们，并没别的阻障，只缘学校教育不曾引诸君向这方面走去，所以诸君就遗忘了似的与这方面疏远了。现在我们把诸君提醒了，诸君必将跃然而起，说：“不错呀，研究、实验、制作原是我们能做的事，而且是非常有味的事！”又必将就从这个暑假期里开起端来。这样，诸君的这个暑假期就过得极有意义了。

上一期我们对出了校门的诸君说："须用远大的眼光观察时代与社会的变象，……建造广大的理想，……以努力于社会改造的斗争。"这个话，对于未出校门的诸君其实同样地有用。而这里所说的研究、实验、制作的素养，却是"斗争之资"的一部分。空空一双手是无法斗争的，不能不有所操持。必须真枪实弹，才可以冲锋陷阵呢。

刊《中学生》杂志26号（1932年7月1日），未署名。

体育·品德·美

我曾经想过，空无依傍的德育似乎是没有的，德育总跟智育或者体育结合在一起。教育工作者严肃认真地在智育和体育方面下功夫，那么受教育的学生不但长进了智力，强健了体质，同时也提高了道德品质。

此刻我想起了另外一个育——美育。蔡元培先生曾经主张以美育代宗教。五十年前学校里有童子军组织，标榜德智群美体五育，也提到美育。

要不要给德智体三者加上个美育，成为四育呢？

我凭常识着想，认为美确乎必须重视，但是不必另立一项，可以把它包括在德育里头。为什么？跟德育一样，空无依傍的美育似乎也是没有的，这是一。假如把道德品质这个概念的范围扩大些，那么德育是个大圈圈，美育是个可以包容在里面的小圈圈，这是二。多立名目未必就多见实效，德智体三育既经公认，通行已久，就不须更改了，这是三。

贤明的父母都注意训练孩子，坐要坐得正，站要站得直。孩子进了幼儿园，进了小学，保育员和老师同样地注意训练他们，于是养成了一种好习惯。这种习惯为什么说它好？因为坐正站直合乎身体的自然，肌肉骨骼都不扭曲，所有内脏不受压迫，是个最有利于健康的姿势。这是就体育方面而言。如果就德育方面说，坐正站直就是有礼貌，坐没坐相，站没站相，就是没有礼貌。假如要另外提出个美育，而就美育方面来说，那么坐正站直就是美，坐没坐相，站没站相，就是丑。

习惯于整齐清洁，必然厌恶杂乱邋遢的丑。习惯于遵守秩序，必然厌恶胡闹捣乱的丑。例子无须多举，总之美和丑的辨别力要经过训练才能获得，而训练是离不开具体的事事物物的。还有一点，美的事物往往同时是合乎道德的，而不道德的事物决不美，一定丑。

能辨认坐正站直的美，从此推广开去，就能懂得体操的时候，伸腿，举胳膊，弯个腰，转个身，唯有按照规定的法式做，丝毫也不马虎，那就是最美的姿势，同时也最有利于健康。一个人参加在几百几千甚至万把人里头做体操，每个动作跟所有的人完全一致，这当儿仿佛没有我了，我跟所有在场的人融化在一块了；又仿佛我扩大了，所有在场的人就是一个我了。这是多么美的境界呀！感觉到这样的境界多么美，同时在道德品质方面自必有所提高。

再推广开去想，各种运动项目如跳木马，翻单杠双杠，自由体操，游泳，等等。在受训练的时候，都必须按照规定的法式做。这比坐正站直繁复多了，却有个共同之点，就是必以规矩，不容随便。先是按照法式练习，既而熟能生巧，各显其妙。从观众的眼睛用比喻来说，或者像飞跑猛跳的骏马，或者像攀崖越壑的猿猴，或者像希腊神话里叙写的神灵，或者像敦煌石窟里描绘的飞天。总言一句，观众觉得好看极了，得到了高度的美的享受。

跳木马，翻单杠双杠之类还只是技术，进而至于舞蹈，那是艺术了。在人们的意念中，艺术高于技术，艺术必得含有充分的美，而舞蹈正是各项运动中最含有充分的美的。试看舞蹈名家的表演，瞬息变化，每一瞬间都显出形象美和节奏美；就细微处说，每一个手指的屈伸，每一霎眼波的流动，都跟全身的活动相一致，叫人觉得差一点儿就不行，唯有这样最合适，最美。若问舞蹈名家何以能够达到这样神妙的地步，还不是勤学苦练，从基本功逐步进展而来的吗？

老话说：“不以规矩，不能成方圆。”我以为从小孩的坐正站直到舞蹈家的练基本功是同类的事，都是“以规矩”；成为有礼貌的孩子跟成为具有高度艺术的舞蹈家是同类的事，都是“成方圆”。

这一回只就体育方面谈谈美。往后再就别的方面谈。

1980年4月25日作，1980年1月起，连载于《文汇报》“教育园地”栏目的《晴窗随笔》中的一篇。

我呼吁

中国青年杂志社特地把今年第二十期《中国青年》寄给我，要我对这一期上的调查摘要《来自中学生的呼声》发表些意见。

我要家里人念给我听。念的人声音越来越哽咽，我越听越气闷难受。

片面追求高考升学率造成的不良影响我不是不知道，但是没想到影响竟这样严重。

请各级教育行政当局都认真读一读这篇调查摘要，听听中学生的呼声，看看他们——岂止他们，连同他们的刚进小学的弟弟妹妹——身受片面追求高考升学率的严重摧残的情况。

教育部的领导同志们，我们教育部曾经说过，不要片面追求高考升学率，又曾经说过，某些片面追求高考升学率的做法必须停止，看来收效都不大。我们教育部能不能再说说话呢？能不能采取比说话更为有效的措施呢？我想，对中学生这样恳切的呼声，谁也不会无动于衷的。

各省、市、自治区的教育局的领导同志们，你们那里有没有片面追求高考升学率的问题呢？你们那里的中学生有没有同样的呼声呢？假如没有，那是好极了，我为你们那里的中学生庆幸，我代他们向你们致谢致敬，感激你们对他们的爱护。假如有，那么请恕我直说，你们切不要回避问题，摧残学生的身心来换取本地区的虚誉决不是什么光彩的事。请赶快设法把局面扭转来，解除中学生身上的压力，让他们得到复苏。你们这样做了，我也为你们那里的中学生庆幸，也代他们向你们致谢致敬。

请大专院校的领导同志和教职员同志也看一看这篇调查摘要，看一看那些片面追求升学率的中学怎样在给学生“催肥”。你们要招收的决不是那些“死记硬背的东西太多，缺乏独立思考和丰富的想象”的学生。你们要不要对中学教学提出你们的要求呢？你们要不要对他们在教学方面的那些不正确的做法提出建设性的批评呢？

请小学的领导同志和教职员同志也看一看这篇调查摘要，看一看片面追求升学率在中学里造成了多么严重的后果。你们千万不要在小学生身上再施加影响了。如果从小学起就一天到晚给学生灌输唯有考大学是一条出路，临到考大学的时候再给他们讲“一颗红心多种准备”，十寒一曝，能起什么作用呢？后果虽然在若干年之后，你们是爱护孩子的，一定会为他们的将来认真着想。

请中学的领导同志把这篇调查摘要反复细读。在这个问题上，你们起的作用是关键性的。如果上级领导要你们片面追求升学率，你们要顶住，为的是爱护学生。如果社会舆论从片面追求升学率出发来指摘你们，你们要顶住，为的是爱护学生。如果家长为了子弟考不上大学找上门来，你们要向他们恳切劝说；怎么劝说用不着我说，因为这些道理凡是办教育的人都懂得。你们切不要向学生施加压力，更重要的是切不要向老师施加压力。“剃光头”就“剃光头”好了，只要按党的教育方针办事就没有错。升学率大小不是教育办得好不好的唯一标准。我们要培养的是全面发展的人，社会主义国家合格的公民，四化建设各个方面的人才；其中少数的一部分要由大学培养，极大部分可不然。实际情形是这样，“剃光头”又有什么不好意思的？凡是片面追求升学率的种种做法，如分设“快班”“慢班”，给毕业班指派“把关”老师并规定“指标”，尽量多发复习资料，无休无歇的种种考试，尽量提早准备高考的时间，等等，奉劝你们一律停止，为的是保护学生的身心健康。

请中学的教职员同志也把这篇调查摘要反复细读。如果你们没有片面追求升学率，你们的学生有福了，我代他们向你们致谢致敬。如果你们在各方面的压力下，不得不那样做，那么今后能不能顶一顶，当然要用说理的办法顶。你们跟同学朝夕相处，经常听到他们的呼声，最能了解他们的心情。他们还是比较大的孩子，难道不应该玩一玩松一松吗？难道不需要体育活动吗？难道不需要文化生活吗？你们是爱他们的，一定能处处为他们着想，保护他们的切身利益。

请学生的家长们也读一读这篇调查摘要。像这样的出自内心的呼声，你们过去听见过吗？你们都希望孩子成才，这是当然的。进大学是成才的一条道路，可不是唯一的道路。再说，进了大学还得看自己肯不肯学，会不会学。从这一点来说，进不进大学一个样。不进大学，要是自己肯学，自己会学，同样可以成才。所谓成才，就咱们这个社会的标准来说，就是成为一个对社会主义建设有用的人，能进大学固然好，不进大学，通过其他种种道路，同样能够达到这个目标。高中毕业生只有一小部分能进大学，这个情况在本世纪内大概不会有多大改变。所以孩子进不了大学，千万不要责备他们，把孩子逼坏了，甚至逼死了，那就成为毕生的遗憾了。

我还要请各种报刊的编辑同志看看这篇调查摘要。请你们不要在你们的报刊上鼓吹哪个学校升学率高，哪个地区考分高；不要在你们的报刊上介绍片面追求升学率的方法和经验；不要在你们的报刊上宣传高考成绩优秀的学生，因为考进大学只表明下一个学习阶段将要开始，他能不能学好还是个未知数；不要在你们的报刊上刊载试题和考卷，因为这些都将成为下一届毕业生的沉重负担。

我还要请各个出版社的编辑同志看看这篇调查摘要。请你们不要再印行历届高考试题解答之类的书，不要再印行供准备高考之用的各科问答。这些书轻则加重学生的负担，重则助长某些学生的侥幸心理。附带说一声，请你们不要再印行什么假期作业，因为这将侵占学生应得的休息权利。

爱护后代就是爱护祖国的未来。中学生在高考的重压下已经喘不过气来了，解救他们已经是当前急不容缓的事，恳请大家切勿等闲视之。

1981年11月1日作，刊《中国青年》22期，署名叶圣陶。

关于思想品德课

小学增设思想品德课，当然是好事。

若问为什么要增设这一课，回答当然是要使学生从小就有好思想好品德，打下根基，日后越来越好。

我时常想，好思想和好品德只是两个抽象的名词，而够得上这两个抽象名词的，必然是具体的辨认和行动。譬如说，某个孩子真正懂得苍蝇和蚊子对人们的危害，真正懂得蜜蜂和青蛙对人们的好处，他就随时随地扑灭苍蝇蚊子，保护蜜蜂青蛙；对这个孩子，咱们就说他在这一方面有了好思想和好品德。

我以为抽象的德目如爱劳动、爱祖国，对学生尽可以少在口头上提出，而在具体的引导和训练中却必须看准学生的发展程度和个人特征随时用力，不可丝毫放松。

我又时常想，要有好思想好品德不仅是听人讲讲就够了的事。苍蝇蚊子的危害，蜜蜂青蛙的好处，可以听家长和老师的讲说而知道，也可以凭自己的观察和思索而领悟。光靠被动地听讲总是不够的。在听讲的同时还必须自动地动脑筋，把有关的种种关系辨认得一清二楚，这才不仅知道，而且确信；由于确信，就咬定非如此如彼不可，积久而习惯成自然，于是对苍蝇蚊子一定扑灭，对蜜蜂青蛙一定保护，这种好思想好品德就成为终身的伙伴了。

我恳切期望家长和老师节约讲说的功夫，能不讲就不讲，必须讲的时候也只画龙点睛似地点几句；腾出工夫来，在引导孩子自动动脑筋的方面多想办法多花力气。这固然不太容易，要是做得好，却是够孩子一辈子受用的。

我又时常想，要学生有好思想好品德，如果家庭、学校、社会上的各方各面真能通力协作，必然易于见效，因为每个学生都生活在这些群体里。缩小范围来说，在一所学校里，如果全校的老师在思想认识方面，在生活习惯方面，基本上彼此一致，这就是极关重要的通力协作；由于老师通力协作的熏陶，他们对学生的指导和训练就容易产生好影响，收到好效果。

增设了思想品德课，该不会把培养学生好思想好品德的责任全搁在担任该课的老师的肩膀上吧；我想如果这样做是非常不妥当的，我相信一定不会。换句话说，就是虽然增设了思想品德课，还是要全校老师通力协作。

再进一步想，课内的所有知识课和技术课，课外的种种校内校外活动，实际上都有培养好思想好品德的作用。只要老师教得好，引导得好，学生学得好，活动得好，就不必另加什么“思想品德”的尾巴，学生自然而然能在思想品德方面不断长进。所以我常说，思想政治寓于各种功课和各种课外活动之中。我自以为这个“寓”的观点是不错的，实际上确然如此。细说起来要写许多话，我在他处已经写过几篇，这里不写了。

1982年8月14日作，刊《课程·教材·教法》4期，署名叶圣陶。

作文和做人

品德教育重在实做，不在于能说会道。

譬如去年高考的作文题是《先天下之忧而忧，后天下之乐而乐》。要是有一位考生写得头头是道，有理论，有发挥，准能得高分数。但是他离开考场，挤上公共汽车，就抢着靠窗坐下，明明有一位白发老太太提着菜筐挤在他膝前，他只当没瞧见，你说这位考生的作文卷子该不该得高分数？依我说，莫说高分数，我一分也不给。他连给老太太让个座的起码的好习惯都没有养成，还有资格谈什么“先天下之忧而忧，后天下之乐而乐”吗？

也许有人说，你太认真了，那是作文，那是考试。对，是考试，在公共汽车上给不给老太太让座，这才是真正的考试，他一分也得不到。

文当然要作的，但是要紧的在乎做人。

1982年12月28日作，刊次年1月4日《中国青年报》，署名叶圣陶。

篇三 家庭教育：言传身教

家长教育子女本身是事业的重要组成部分，是作为一个成人的基本义务和责任。如果放弃了这个责任，“就是不爱自己的子女，就是不应当有子女”。

儿童观念之养成

儿童一切观念皆以先入为主，夫人而知之矣。当八九岁之时，正儿童渐与外物相接触而增进其智识之时也，于斯时无论何事，印入其脑中即深镂而不可拔。试观老年人，于年壮时之事每不能记忆，而于儿时之事则历历能数记之，无丝毫爽。是可知矣。

然儿童一切观念，岂尽以先入为主哉？大半每因接触外物之久暂，而定其印入脑中之深浅。

儿童于八九岁时所接触者何？非学校即家庭耳，则亦无所谓先入后入也。然一日三分计之，学校得其一分，家庭得其二分，在学校之时间少，居家庭之时间多。况学校有假日，而家庭无一日离，家庭久而学校暂，从可知之。

学校中之接触，得之于师者，必无戕贼儿童之智识道德，可决言也。然而处学校之时既暂，家庭中之接触苟有戕贼儿童智识道德之事，则儿童将弃其学校中所得而就家庭。甚矣家庭教育之不可忽也，偶一不慎即生弊病。请举一事以证之。

邻有一儿，年九岁，初等小学二年级生，于教师之所授，颇能深信，时或流露语中。见人说“礼拜”二字，必曰“吾侪中国人称‘星期’，讵为耶教徒而曰‘礼拜’也哉？”见人着洋货，必曰“外国人要吸尽我国财源，我等总不要用洋货”。其于教师之言，能信且记若是，而于书中一切，亦必能信之记之也。

暑假有一日，忽听此儿午膳，问其女佣曰：“我吃荤，抑吃素？”盖此日下午，伊母令之去烧雷祖香也。及饭毕，余问之曰：“烧香有益乎？”儿笑而不答。度其母既命之去，则必陈说烧香之益，而儿已深印脑中矣。余问之曰：“国文教科第三册第十三课，岂忘之乎？雷祖亦偶像也，先生讲此课之时，想必讲及偶像之不必崇拜与不可崇拜，而今乃信之耶？”儿又笑而不答。

呜呼，于此可见家庭教育当处处留心矣，以至能实践师言之儿童，而信夫无谓之烧香，不可谓非家庭教育胜于学校教育传导之力矣。且此等迷信，最能束缚儿童之心志，尤为不可。夫于家庭之中，长与儿童共者唯母。故欲使家庭教育之得宜，舍母无所属焉。

我敢告儿童之母曰：凡有戕贼儿童智识道德之事，不可行之，不可言之，行则为儿童所摹仿，言则为儿童所听从。儿童所至信者莫如母，为之母者，苟能于其学校中之所得，为之阐解，以补其不足，使学校家庭之教育不相离异，在儿童接触既多，导之者均为至信之人，则其正确之观念乃得以永不挠动。万不可儿童在学校则闻祛迷之言，归家则告以“勿作此想，且将雷殛”，致心志反成束缚，学校之教育亦如未受也。

虽然，此特其一端耳，他如吸烟，博弈，所患尤有甚于此者，在学校之所得不足以偿在家庭之所失。女子之教育不讲，他日为人母，谁不若是？吾草此篇，吾怜儿童，吾尤怜儿童之母矣。妇女教育，今日何可缓哉？

原题《儿童之观念》，1911 年 9 月 7 日刊《妇女时报》3 号，署名叶陶。

父母的责任

当教师的遇到了难以训教的学生，便微微引起灰心，想："这个学生是怎么生成的，竟会这样不堪教育？"留心社会情状的遇到了举措失当行为不良的人，便轻轻叹一口气，想："这个人是怎么生成的，竟会坏到这个地步？"这是最平常而且带着普遍的情形。就是那些被疑怪的人，对于他们所接触的人物，也许会产生同样的疑怪。不要说从今以后，想来从今以前，这样的疑怪也常常涌现于多数人的心里。

即使不讲高深的学理和生物的本能，教育的力量总是一个不可否认的信仰。我们对于不论什么事情，总是一方受教，一方学习，那就能了，会了，否则就不能不会，这就是教育的力量的有力证明。这里所谓的教和学，需是合理的，有方法的；而有力量的教育，本来就指的这一种。

教育既然受到了人们的信仰，同时就对人们负了责任：说好坏似乎有点含糊，不如说一个人能够或会生活在大群之中，所作所为都非常正当，就是教育的功劳；一个人不能够或不会生活在大群之中，一切都不正当，那就是教育的错失。

于是，前边的疑怪声中的问题可以解答了。不堪教育的学生不是天生的，全是教育的错失。

有人会问：学生不是正在受教育么？社会上的人不是已经受过学校的教育，现在正在受社会的教育么？若说教育不好，有所错失，这是千头万绪，动一发而牵全身的事，那么眼前将怎样办呢？

这样的问题涉及教育的优劣的范围。但是我的意思不在这一点，乃在最初的时候，一个人在幼稚的时候，教育却闪在一旁，不与幼稚的人见面：我认为这一点是教育的错失。不论方法是好是坏，有总胜于无，有方法而并不好，以后可以改正，无方法就根本上完了。有许多不幸的婴儿和孩子，在他们入世的最初的时期中，绝对看不见教育的脸色。教育对于人类既然负有特别的责任，为什么不早些露出面目来呢？这不是教育的错失吗？

教育是附丽于人而后显出它的作用的，离开了人，也就没有教育了。所以说教育的错失，意思就是负有教育责任的人的错失。对婴儿和孩子负有教育责任的，当然是父母。做父母的倘若没有好的教育，也没有可以改正的不好的教育，只是不教育，就是一个重大的错失。婴儿和孩子时期，在一个人的一生中多么紧要，一切人类的理解习惯，都从此时获得；若能受到好的教育，岂不更可以超越地进取；反过来说，倘若受不到一点教育，就是极深重地被损害。而父母便处于损害者的地位，因为他们是负有教育责任的人，但是并没有教育他们的子女。

做了父母就注定应该负教育子女的责任，在生物进化的途径上显示得很明白，但是除了本能以外，还需要知识技术等的帮助。所以母鸡的事业总得到成功，而在人类中，父母的事业非但成功难必，或且全然不能做教育这件事。要教育子女却不能做，不做又是重大的错失，使做父母的十分为难了。但是应负的责任总在那里，不因为难而减轻。

做父母这件事是不自料的，并不希望做，然而子女来了，就不得不做，同时也就负上了很重大的责任。那些确然不能负起责任的父母，好在大多是不自知的；如其自知，不知要怎样懊恼他们自己犯了这样大的错失呢！更从他们的儿女方面说，受到的损害是多么沉重：最初的权利丧失了，最重要的受教育的时光虚度了；虽然随后有种种的教育，但是在先的根本不坚牢，怎么会得到充分的发展呢？

如果我说，人类生子女不会立下预算表，这似乎是句滑稽的话。然而实际的情形确然如此。试问谁曾经想过希望有几个子女，能够有几个子女？大家只是个不经意，任自然支配罢了。在这个不经意之下，从今以前，做子女的因为父母的不教育受了多少损害，恐怕是一件最难的而且无法统计的事。我们试作空想，假使做父母的都曾列过预算，自己知道能够负起教育的责任才生子女，子女就会大大改观，不同于已然的情形，而现在的世界，也当跟着大大地改观了。可惜这终于是个空想，预算表仅仅应用在处理经济和事务等上面。

以前的错失且不去管它，做父母的总要希望能尽所负的责任，即使延迟到从今天起，总比不能尽责好得多。过分的力量自然没法去尽，在可能的范围内需得努力做去，直到人家的怪疑声起，做父母的可以很安心地不负责任。我们自己都应该做一点有效的事业，并不都为着自己的子女，但是应该知道，教育子女也是事业中的一部分。这一部分不能做到，不说大的远的，就是不爱自己的子女，就是不应当有子女。

我不是说滑稽话，为了前面的意思，我们得列个预算了：我们能教育几个子女呢？这么一想，从自知之明得到了解答，于是生下适如其量的子女。过了量呢？那就很为难，因为父母的心力有限，分配于过量的受者，就使受者得到的平均打了个折扣。我们更可以这样自问：我们究竟能不能教育子女呢？如其不能，那就不任自然作主，权自己操，竟然不做父母；尽可以到以后能够教育子女的时候再做父母；如果自觉永远不能，就永远不做。这不是不可能的，我们愿这样做，就能做到。

父母爱自己的子女，喜欢给他们吃肥美的食物，穿温厚的衣服。这固然不错；子女身体上的要求，父母能使他们满足，不能说这并不是爱。但是能够给子女以教育，更是深浓强烈的爱，因为饱了他们心灵的饥饿，暖了他们心灵的寒冷了。若能适宜地生育子女，一一与以教育，当然是父母的深爱；倘若自知不能教育而不生子女，也见得对于未生者的无穷的爱。

1922年10月3日作，刊10月6日《时事新报·现代妇女》4期，署名郢。

成功的喜悦

儿欲爬上凳子，
玩弄桌上摆着的
积木，摇鼓，小锡船，耍孩儿。
他右膝支着凳面，耸身屡屡，
可是力量不济，
不能成就他的尝试。
老太太看见了，
把他抱起来，让他坐上凳子。
她的动作十分轻易。
但是，这使他十分失意，
啼声乍发，身子一溜，
两脚又站在地。
为什么啼泣？

要发展你独创的天才？

要锻炼你奋发的潜力？

要期求你意志的自由？

要享受你成功的喜悦？

他不作什么说明，

只是继续他的尝试。

忽然身子一耸，两脚离地，

他又坐上了凳子。

玩具在他的手里，

笑容浮上他的两颐。

1921年1月作，刊《小说月报》12卷3号，署名叶圣陶。

啼　声

睡眠不得宁贴的，莫过于怀中抱着婴孩的母亲了。独对寒月的思妇，含泪阖眼的鳏夫，睡眠都比她宁贴。唯有她，完全抛开了自己，竟不把睡眠当一回事。眼睛虽或阖着，有时也发出疲倦的鼾声，然而心神是永远清醒的。这清醒的心神凝定专一，只守护着熟睡的婴孩：婴孩一伸手，一转侧，没有不感应似地立时觉察出来。不但如此，便是婴孩的一切感觉，没有什么外面表现的感觉，她也能觉察，好像受了神秘的启示。婴孩没有放出饥饿的啼声时，她就给奶吃；婴孩将要张开疲倦的小眼时，她就拥抱得更紧贴一点。这样，她的睡眠就不成其为睡眠了。

妻趺坐着，抱着新生的女婴给奶吃了。昏黄的灯光透过蚊帐，她们俩就占据在这闷热的昏黄的方的空间里。不知道是什么时候，细碎的钟摆声不能告诉我们时刻。约略听得窗外有细细屑屑的雨点声，但也不一定是雨点，细听去却又没有了。

女婴吃了一会奶，忽然哭了，声音很激越，有极短的间歇。妻轻轻地拍着她的小身躯，同时发出柔美的睡梦似的呜声。但是没有效果，女婴的啼声依然不止，而且有点沙哑无力了。

我想：今夜妻已经坐起了好几回。她的心神固然永远清醒着，她的身躯总该睡一会儿。现在女婴的啼哭不会一时便歇，要她熟睡，时间当然更长，那么今夜妻的睡眠不将无望了么？

我这么想着，便起来将女婴接过来。同时叫妻躺下去睡，毫不经心地睡；我自会抱她，呜她，待她止了哭，睡熟了，也会拥着她。有几夜我们也曾这么做，不是第一次了。于是妻就侧身躺下，散乱的头发盖着她尚未恢复的苍白的左颊，入睡了。

到了我的床上，我靠着枕头，半躺地坐着。女婴的啼声弛缓而轻微了。她的略微张开的眼睛，有些不成滴的泪痕，似乎瞪视着我。丰满的两颊，朵起的可爱的小嘴唇，虽然二十多天内看惯了，还像乍见似的，只觉得这形象蕴蓄着无限的希望；便在昏晕的灯光里，我的倦眼仍不厌地看着她。我也同妻一样轻轻地拍着她的小身躯，还发出粗劣而不中节的倦怠的呜声。这样不知经过了多少时间，她的啼声听不见了。

女婴向我开口了。这是这样的：她不仅是她，也就是人间无量数的子女和学童。我听了她的话，同时也听了人间无量数的子女和学童的话。我不仅是我，也就是人间无量数的父母和教师。我在听着，人间无量数的父母和教师也在听着。她和我都变化了，一个就是众多，众多就是一个。但是我绝不觉得这回事有点儿奇怪，只觉得情形本来如此。

她没有开口之前，举起小拳头向我作打击的姿势，眼睛张得很大，射出愤怒的光。语声从小嘴里发出，很有威严，使我凛然。她说："你这么拍我，呜我，在你以为是爱我；如其不往深处想，我也可以承认你是爱我。但是，你终究是我的仇敌！"

这多么足以惊怪，突然指我们是他们的仇敌！既然爱了，为什么又是仇敌呢？这时候我觉得"我"和"我们"竟是意义相同，可以随便换用的两个代词了；而"她"和"他们"、"你"和"你们"也一样。我心里虽然惊怪，却并不开口问她，为的什么，我自己也不明白。

"你们试想，你们所谓爱我们的，有多少意义？不如确切一点说，这是你们自己的游戏和消遣。先问你们：你们曾为我们的身体着想而寻求过适宜的保育方法么？你们曾为我们的智慧着想而给与过有价值的玩具么？你们曾为我们特设过一种好的环境么？你们曾为我们讲说过一些好的话语么？你们曾针对我们的需要而付与过么？你们曾觉察我们的危害而预防过么？总之一句话，你们曾真个为我们尽过一点心么？”

我只是不开口。她的——也可以说他们的——脸上露出鄙夷和嘲讽的神情，接着说：“为什么不开口？答不出来么？自知的确不曾有过，不好意思开口么？看你们那样羞惭的眼光，知道后面一句话我们说中了。真个不曾有过，却还自以为爱我们！这种肤浅的爱值得什么呢？

“你们只是游戏和消遣罢了！不管是什么食品，你们高兴的时候，便是粘韧难以消化的，也同喂猫狗一般给我们吃了。我们所需要的营养料，你们反而不给，因为你们觉得没意思。不管是什么衣物，你们以为可以装饰你们的小玩偶的时候，便是笨重累赘的，也给我们穿了戴了。我们所需要的轻暖舒适的服饰，你们反而不给，因为你们不喜欢。你们中间穷苦的，给我们吃，有一顿没一顿，给我们穿，掩了下身掩不了上身。黑暗的积满灰尘的屋角里，我们被扔在那里蜷缩着。繁殖着臭虫蚤虱的草铺上，我们被扔在那里躺着。这就是你们的保育方法了。

“你们中间，有些人同牛马一般，肩背上担负着不可堪的工作，要我们帮一点忙，便将笨重的工具授与我们，叫我们软弱无力的小手拿着，也照样工作。有些人读惯了某些书本，看惯了某些画幅，要我们尝到同样的滋味，便将那些书本画幅授与我们，叫我们照样读着看着。你们喜欢赌博，当赢了钱非常乐意的时候，就给我们一副纸牌，叫我们照样玩去。你们喜欢参拜神佛，当参拜完毕，信心坚强的时候，就给我们一个蒲团，叫我们多拜几拜。这些就是你们所给与的玩具了！

“空旷的原野，你们以为是野蛮人居住的地方。葱绿的树林，你们说里边藏着老虎。小刀小斧小锥小凿是下流的木匠的家伙；颜色铅粉有什么用，又不要当什么画小照的穷画工。你们是常常这么说的。你们要将你们的小玩偶造成个又斯文又高贵的东西，所以把我们藏在又方正又简单的房间庭院里。你们的院子和校园，干净到一无所有。你们的房间和课堂里，方方的桌子，方方的椅子，一不小心就会撞破了头，使我们不敢奔跑。你们中间穷苦的，又何尝不希望有那样又方正又简单的房间庭院，将我们养在里边；不过办不到罢了。可是，你们的家又太过狭窄杂乱了，粥锅、便器、草席、桌、凳，种种东西尽将我们挤，将我们挤到了门外。于是我们只能在泥渍水浸风沙飞扬的街上打滚。这就是你们给与我们的环境！

“你们又何尝同我们谈过话！你们坚信小玩偶不是你们谈话的对手，你们自有你们的高尚而有意义的思想，不是我们所能懂得的。你们中间操劳的，自己当机器还来不及，自然也不同我们谈话。只有你们快活的时候，才‘小宝贝’‘小心肝’地叫一阵；不爽快的时候，就‘讨厌的东西！’‘我要打了！’‘快给我滚开！’地骂一回。这使我们不能想清楚一个念头，说完全一句话，因为想念头和说话都靠谈话做钥匙，而你们对我们只有欢叫和怒骂！

“感谢你们，特地标出极重大的题目，像煞有介事地，教育我们了。你们保存着古昔传下来的记忆，相信这些完全是好的，因为合着你们的脾胃；你们就将全部传授给我们，还希望我们也照样传授下去。我们曾否向你们索要这些，曾否感激你们的传授，你们却完全不问。你们自有你们的模型，我们是烂泥，要制造只供玩耍的泥人儿，将烂泥往模型里按就是了。这就是你们的教育！

“你们自身害了没法治的恶病，毫不经意地把我们生了下来，于是我们终身受冤屈，也害着恶病了。外间疫病流行的时候，你们如无其事，带着我们在病菌飞舞的地方乱走，于是我们得到传染，性命危险了。我们的学龄到了，你们随随便便地，把我们送进一个学校就算。我们的恶习萌芽了，你们还从旁赞扬，说你们的小玩偶乖觉。你们就是这样地不关心我们！

“总之，你们起劲的时候，便想起我们，照着自己的意思，取出来玩弄一番，正像猫儿弄垂死的老鼠当游戏，老太太用骨牌打五关做消遣。要是你们不起劲，没工夫，就同没有我们一样，我们被搁在一旁，在你们的心意中占不到百分之一的地位。

“你们究曾真个为我们尽过一点儿心么？一点儿，只要有一点儿，我们就承认你们有真个爱我们的根苗了。但是，这一点儿在哪里！”

她的——他们的——面容变得惨厉，声音带着凄楚了。我只是醉迷迷地听，不想开口。

“我们是要不停地前进，向将来走去的。这将来虽然尚在前方，但我们可以预测，多一半是惨酷的遭遇。我们固然要奋发自己的能力，和那些惨酷的遭遇斗争。可是我们已经做了你们的玩物，你们的消遣品，我们已经被损害了。斗争的结果怎么样，正难说呢！

“你们听着：我们的身体将脆弱而多病！我们的情感将淡漠而无所属！我们的思想将拘束而不得自由！我们将无所有，无所能！我们将微小如沙粒，卑弱如蚯蚓！这都是你们的赏赐！你们究竟爱我们么？

“我们不曾请求你们做父母做教师呵！你们既然不自谦地做了，爱我们就是你们的责任。你们却不能爱！不能爱也罢了，退一步说，总该不给我们损害。你们偏又随时随地给我们损害！你们不是我们的仇敌么？

“我们不愿有虚幻的奢侈的希望——希求你们的爱，只欲抗拒你们将我们作游戏和消遣，就是你们自以为爱我们的那一套。至于我们，也决不能爱你们，因为我们没有受到你们一点好处，你们是我们的仇敌，不给帮助反加损害的仇敌！”她说着，哀哀地愤愤地哭了，我听见他们哀哀地愤愤地哭了。

妻的不眠的心神感应着女婴的哭声，半身爬起来，揭开蚊帐唤我。我醒了，听得稀疏的雨点敲着白铁水落的寂寞的声响。女婴在我臂弯里啼着，一副愁苦的脸，小胳臂用力舞动，手握着小拳头。

妻温柔地说：“我的心肝，到妈妈怀里来吧！”

我起身抱女婴给她，心中迷惘地想：“不要妈妈爸爸的，且求不至于做她的仇敌吧！”

1922年5月23日作，刊《东方杂志》19卷9号，署名叶绍钧。

献给做父母的

我们不论做什么事情的时候，最希望的是环境的安静，没有一点纷扰。果真如我们的希望，所做的事情很顺当地达到成功的境界，那是再舒快没有的了。可是这种希望往往不能满足。安静的环境很难得持续，有时朋友来了，有时意外的事情发生了，有时自己的心情忽有所触，想到别的地方去了，于是事务中途停顿，不能径向成功的方向前进。虽不能说此后就无成功之望，而当时所受的意志的阻遏，后来所需的重行奋励，都是本来不必受不必需的。归究到根，都是事情被中途打断的缘故。

家中有孩子的，这样情形更经常遇到，因为孩子就是打断大人做事的魔王。他们不肯安定，忽然叫起来了，使大人的听官感受不安。他们手不大肯宁息，拿起什么东西就弄，不管是有危险的或者有用处的，这就引起大人的爱惜惊恐等心绪。大人在那里写字，他们跳跃着玩耍，地板震动起来，连带了桌子。大人在那里结绒线，他们抢着线球便抛，弄得绒线满地，纠结不清。逢到这样的时候，大人总要受点儿影响，影响的结果，就是事情中途停顿。

事情中途停顿了，不能不有所反应，这是很自然的。最普通的是怎样一种反应呢？大人的手举起来了，面孔当然板着，在孩子的身上乱拍，拍着什么地方就是什么地方，直到那只手以为不必再拍了才止。孩子于是啼哭起来。有些大人认为这样不好，或者还没有养成这举手拍孩子的习惯，便换一种办法，提起喉咙便骂。讨厌！可恨！不懂道理！全没规矩！坏孩子！不成样的东西！种种粗暴的话轮流运用，用个痛快才歇。孩子于是吓得不敢响了，眼光像一头猫儿面前的老鼠，有时把头伏在臂膊上哭了。

这是最普通的反应。固然，容易不过的最快心意的办法要算这两种了。犹如旋开自来水管的开关便有水流出来，这两种反应随机而发，真是再便当不过了。

但是我们得想一想，事情被中途打断确属可恨，而罪孽是不是应该归于孩子们？这就要想到孩子是有心还是无心，想到大人与孩子们见解有何差异等问题。有心捣乱，罪孽诚不可赦；无心作恶，又不十分厉害，就应该归入免究之列。并且作恶云云，也只从大人方面而言，孩子们何尝懂得什么恶！高声叫起来，他们只是一时的兴会，自己也不可遏止，何曾知道是大人们厌听的？手拿东西最是平常的事，前天如此，昨天如此，当然现在也如此，他们何曾知道这件东西却因危险或者有用而不能弄呢？跳跃便跳跃，他们何曾想到会影响写字的桌子？见球就抛球，他们何曾想到会弄乱了绒线？这等事在他们看，正同吃饭睡觉一样正当，一样的平常，吃饭睡觉不招打骂，而现在忽要挨打挨骂，不是最奇怪的事么？劈头劈面地挨了一阵，却不知道为了什么，原来他们同大人站在见解完全不同的基础上。

孩子们身体的残伤，心志的摧戕，现在且不说；专从大人方面说，这种行径使孩子们想那大人这样喜怒无常，不是个疯子，就是个不可了解的怪物，于是慢慢地和大人疏远起来。这种疏远要弥合是非常困难的，仿佛瓷器上有了一条裂缝，痕迹终于不能泯灭了。谁也不喜欢有这样一条裂缝，可是大部分的父母时时在那里砸，特意要造成这样一条裂缝！

一时的冲动过去了，大人也极容易悔恨起来：觉得刚才打重了，不知伤了孩子没有；觉得刚才骂重了，不知气了孩子没有。再想孩子们的过错实在轻微得很，何必小题大做，演出一大套把戏来。于是仿佛有点儿看不起自己的手和口，甚至去抚摩孩子的被打的处所，逗孩子笑乐。孩子更觉得不可捉摸了，他们想，原来装凶扮善全是闹着玩的：彼此的疏远还是不可避免！

既悔于后，何如不做于前？悔与不悔等，何如绝了这引起恨恨的根源？这不是知识的问题，因为骂孩子打孩子这等事为什么不对，是极容易明白的；即使不明白，基于父母的爱也就够了。所差的只在要悟于常时而不要悟于事后，要使这种觉悟不被感情冲动暂时蒙蔽，的确有一点儿修养上的关系。这里所谓的修养其实极浅，大人只要练成一种习惯：当觉得孩子们有什么动作近于扰乱时，不要便厌恶他们的扰乱而动起感情来；而从他们的动机着想，知道他们出于无心，更从他们的见解着想，而知他们决无可厌恨之理。至此，感情的冲动便遏抑住了，决不至于突然爆发。

可是，事情因此中途停顿总是个缺憾，甚至是不可弥补的缺憾。在人群中作事，这等缺憾多着呢。但是也非绝对不可弥补，大人能为孩子们妥善地设法，使他们有一个自己活动的世界，就不再闯入大人做事情的世界里来了。

大人和孩子们在一起，有空的时候才逗着孩子玩，不空的时候就把他们抛在一旁，甚至不许他们动一动，本不是个妥善的办法。

有人说，使孩子们有一个自己活动的世界，确是一句好听的话。但除了最少数人家以外，谁能做得到呢？我想，要做到虽然不能只靠经济为基础，而所以不能做到，却由于经济的原因。于是我要起其他的感慨了。

原题《供献给父母的》，刊1923年1月6日《时事新报·现代妇女》13期，署名郢。

“双双的脚步”

小孩看见好玩的东西总是要。他不懂得成人的“欲不可纵”那些条例，“见可欲”就老实不客气要拿到手，否则就哭，就闹。父母们为爱惜几个铜子几毛钱起见，常常一手牵着孩子，只作没看见走过玩具铺子；在意思里还盼望有一位魔法师暗地里张起一把无形的伞，把孩子的眼光挡住了。魔法师既没有，无形的伞尤其渺茫，于是泥马纸虎以及小喇叭小桌椅等等终于到了孩子手里。

论理，到了手里的后文总该是畅畅快快地玩一阵子了；玩得把爸爸妈妈都忘了，玩得连自己是什么、自己在什么地方都忘了，这是可以料想而知的。但是事实上殊不尽然。父母说：“你当心着，不要把这些好玩的东西一下子就毁了。最乖的孩子总把他的玩意儿珍重地藏起来。现在给你指定一个抽屉，你玩了一会儿也够了，赶紧收藏起来吧。”

祖母说得更其郑重："快藏起来吧，藏起来了日后再好玩。只顾一刻工夫的快乐，忘了日后，这是最没出息的孩子。我小时候，就是把小木碗郑重地收藏起来的，直到生了你爸爸，还取出来给他玩。你不要只顾玩了，也得想想留给你将来的孩子。"这样在旁边一阵一阵地促迫，孩子的全心倾注如入化境的玩戏美梦做不成了。他一方面有点儿生气，一方面又不免有点儿怕父母祖母的威严，于是颓然怅然与玩具分了手。这当儿比没有买到手还要难受；明明是得到的了，却要搁在一旁如同没有得到一样，这只有省克功夫有名的大人们才做得到，在孩子确是受不了的。

隔天，泥马纸虎等等又请出来了，父母祖母们还是那一套，轻易地把孩子的美梦打破了。这样，孩子买了一份玩具，倒好像买了一个缺憾。

这似乎是无关重要的事，孩子依然会长大起来，依然会担负人间的业务，撑住这个社会。但当他回忆起幼年的情况，觉得生活不很充实，如同泄了气的气球，而这又是没法填补的（哪有一个成年人擎起一个纸老虎玩得一切都忘了的呢？我们读过梭罗古勃那篇小说《铁圈》，讲一个困苦的老工人独个儿在林中玩一个拾来的铁圈，他觉得回到童年了，满心的快乐，一切都很幸福，这也不过是沉于空想的小说家的小说罢了），这时候憾惜就网络住他的心了。

世间的事，类乎孩子这样的遭遇的很多，而且往往自己就是父母祖母。譬如储蓄钱财，理由是备不时之需。但是到了要用钱的时候，再一考虑，却说："这还不是当用的时候，且待日后别的需要再用吧。"屡次作如是想，储蓄的理由其实已经改变了，变而为增加储蓄簿上的数目。在这位富翁的生活里，何尝称心得当地用过一回钱呢？

学生在学校里念书做功课，理由是预备将来做人，将来做事，这是成千成万的教师父母们如是想的，也是成千成万的学生们信守着的。换句话说，学生过的并不是生活，只是预备生活。所以一切云为，一切思虑，都遥遥地望着前面的将来，却抹杀了当前的现在。因此，从初级小学校以至高等大学校里的所有一个个生物只能算"学生"，还不能算"人"，他们只学了些"科目"，还没有做"事"。

念书，念得通透了，就去教学生。学生照样地念着，念得与老师一样通透了，也去教学生。顺次教下去，直至无穷。试问："你们自己的发现呢？""没有。""你们自己享用到多少呢？""没有想到。"这就是一部教育史了。聪明的大学生发见了这种情形，作了一篇题为《循环教育》的文字，若在欢喜谈谈文学的人说起来，这简直是地道的写实派。然而大学教授们看得不舒服了，一定要把作者查出来严办，于是闹成大大的风潮，使各种报纸的教育新闻栏有机会夸耀材料的丰富。大学教授们大概作如是想："循环难道不好么？"

上对于父母，我得作孝子。从身体发肤以至立功扬名，无非为的孝亲。下对于儿女，我得作慈父。从喂粥灌汤以至作牛作马，无非为的赡后。这的确是人情，即使不指出"东方文化""先哲之教"等金字招牌来，也不会有谁跑来加以否认，硬要说对父母不当孝，对子女不当慈。可是，对自己呢？没有，什么也没有。祖宗是这样，子孙是照印老版子。一连串的人们个个是抛荒了自己的，我想，由他们打下的历史的基础总不见得怎样牢靠结实吧。

将来的固然重要，因为有跨到那里的一天；但是现在的至少与将来的同样地重要，因为已经立足在这里了。本与末固然重要，因为它们与正干分不开；但是正干至少与本末同样地重要，没有正干，本末又有什么意义呢？不懂得前一义的人无异教徒，以现世为不足道，心向天堂佛土；其实只是一种极贫俭枯燥的生活而已。不懂得后一义的人犹如吃甘蔗只取根部与末梢，却把中段丢在垃圾桶里，这岂不是无比的傻子。

过日子要当心现在，吃甘蔗不要丢了中段，这固然并非胜义，但至少是正当而合理的生活态度。

朱佩弦的诗道：

从此我不再仰眼看青天，
不再低头看白水，
只谨慎着我双双的脚步；
我要一步步踏在泥土上，
打上深深的脚印。

1925年3月19日作，刊《文学旬刊》165期，署名郢。

纯乎其纯

像我似的，不高兴的时候听见孩子嚷嚷就要呵斥，写信或是写什么的时候不许他们有较为繁琐的说话声，他们哭得不休的时候，觉得这哭就是不好，就该骂，也不问为什么而哭；但是偶尔兴致来了，又正好没有旁的事做，“父亲的”心情忽然觉醒了，于是拉他们到膝前来，抚摩着，讲些人间海外的故事，又唱着仅有的几个从前学堂里的歌儿，这当儿，颇自以为教育的意味沦肌浃髓了。试问，这算得当之无愧的父亲么？当然算不得，因为才一会儿，所谓教育的意味就幻梦一般飞散了，呵斥、厌恶、禁止等等马上恢复原状。

好的父亲一定不是这样，他所以不同于平常的父亲，就在永远怀抱着“父亲的”心情。孩子的嚷嚷他能够利导，使化为天真嘹亮的歌声，或是娓娓动听的谈话，而决不加以呵斥。孩子哭了，他更能入微地体贴：是身体的机能有什么障碍么？是小小的心灵有什么不安么？切心的忧虑是有的，而与怒骂绝缘。至于自己有什么工作，即便是从事伟大的发明，撰写名山的著作，也决不为了这些侵占孩子们的自由，他相信这天下是孩子与大人共有的。他这样做，用不着什么强制的功夫；只以为对付孩子就只有这种态度，就是醉里梦里也换不出第二种，他唯有这样做才觉得合适，才觉得舒泰。结果，他的孩子有福了。

类推开来想，各色的人都有当之而无愧和当之而有愧两类。人间需要的，当然是当之而无愧的一类，但是这一类少得很，我不禁为世道担忧了。

大学里的教授，学问为学生的先导，人格为学生的模式，从这些概念上想，该是怎样一种人可以知道了。而近来听见有公然喝打的教授，有挥众动手的教授，而站在他们对面的，却是个赤手空拳的人，而且并不是应该与众共弃的恶人。虽然他们自辩的文电里屡屡说“全属子虚”，而在场目睹其事的人却“言之凿凿”，未必真属子虚吧。我们闭目冥想，当他们指挥群众的时候，脸一定涨得通红，脉络一定胀得挺粗，眼光带着杀气，声音转变成异样的喊叫；学问是什么，人格是什么，飞散了，飞散了，散得无影无踪；主宰着他们的身体的只有原始的蛮性，粗野的无所谓教育的本能。我想，好的纯乎其纯的大学教授该不是这样的吧。

游山玩水的当儿，或当生离死别之际，忽然一念涌上心头，“此时此地，不可无诗”，于是笃旧的就仄仄平平一韵两韵地吟咏起来，维新的也美丽啊悲哀啊写下一大堆。在忽然一念之前，他们本同诗分隔在两边，莫说其生活其心情不曾沉浸在诗里头，连诗的水滴也不曾沾着一点儿。但是他们有记忆，记忆在那里提示着：“你是自以为能诗的，你在诗这方面是有浮名的，你是看重诗这件东西，认为是生活的点缀品的。现在是时候了，为什么不做诗呀？”这就感到欠了夙债似的一种心情，似乎非赶紧清偿不可，于是他们就吟咏起来写录下来了。但是，我想，好的纯乎其纯的诗人该不是这样的吧。

书馆里的编辑员，报馆里的主笔先生，在坐上他们的座位以前，做种种活动，或为营利求名，或为寻欢享乐，总之想不到今天坐上座位写的第一个是什么字。坐定了，笔从笔帽里抽出来了，稿纸也铺在桌上了，一支笔扶乩似的画几画，随意落纸，这才算写定了第一个字。这固然写意得很，舒服得很；但是，我想，好的纯乎其纯的编辑员和主笔先生该不是这样的吧。

孙中山先生临死之际，几乎不能说话了，还断断续续呼唤“和平”“奋斗”“救中国”（见十八日《申报》《北京通信》），这里头含着极其重大的意义，从这里就可见中山先生是一位纯乎其纯的革命家。他没有把自己分成两橛，一橛是这个，一橛又是那个；他的思想行动，无论巨细，全都沉浸在革命里头，非由勉强，自然神化；假若把他分析起来，可以说他的每个细胞就是革命，所以他的思想精神绝对不是外铄的；所以直到最后一息，什么都不说，单给我们说这表示革命的伟大精神的金玉之言。

我不佩服自己作孩子的父亲，我不佩服会显原形的大学教授，我不佩服视作诗为还债的诗人，我不佩服落笔才写定第一个字的编辑员和主笔先生；不佩服的理由，就在这些都出于偶然的高兴与勉强的自制，结果一件事也做不好。但是我佩服中山先生，我要称他为“圣人”；因为他干革命工作，终身以之，生死以之，不知其他。

纯乎其纯的精神太可贵了。能有这种精神，如果是为父的，儿子有福了；如果是大学教授，大学生有福了；如果是诗人，我们有好诗读了；如果是编辑员和主笔先生，我们有好书好报看了；如果是革命家，中国就将终于得救了。

1925年3月23日作，刊《文学旬刊》166期，署名郢。

做了父亲

假若至今还没有儿女，是不是要与有些人一样，感到是人生的缺憾，心头总有这么一个失望牵萦着呢？

我与妻都说不至于吧。一些人没有儿女感到缺憾，因为他们认为儿女是他们份所应得的，应得而不得，当然要失望。也许有人说没有儿女就是没有给社会尽力，对于种族的绵延没有尽责任，那是颇为冠冕堂皇的话，是随后找来给自己解释的理由，查问到根柢，还是个得不到应得的的不满足之感而已。我们以为人生的权利固有多端，而儿女似乎不在多端之内，所以说不至于。

但是儿女早已出生了，这个设想无从证实。在有了儿女的今日，设想没有儿女，自然觉得可以不感缺憾；倘若今日真个还没有儿女，也许会感到非常寂寞，非常惆怅吧。这是说不定的。

“教育是专家的事业”，这句话近来几乎成了口号，但是这意义仿佛向来被承认的。然而一为父母就得兼充专家也是事实。非专家的专家担起教育的责任来，大概走两条路：一是尽许多不必要的心，结果是“非徒无益，而又害之”；一是给了个“无所有”，本应在儿女的生活中给充实些什么，可是并没有把该给充实的付与儿女。

自家反省，非意识地走的是后一条路。虽然也像一般父亲一样，被一家人用作镇压孩子的偶像，在没法对付时，就“爹爹，你看某某！”这样喊出来；有时被引动了感情，骂一顿甚至打一顿的事也有。但是收场往往像两个孩子争闹似的，说着“你不那样，我也就不这样”的话，其意若曰彼此再别说这些，重复和好了吧。这中间积极的教训之类是没有的。

不自命为“名父”的，大多走与我同样的路。

自家就没有什么把握，一切都在学习试验之中，怎么能给后一代人预先把立身处世的道理规定好了教给他们呢？

学校，我想也不是与儿女有什么了不起的关系的。学习一些符号，懂得一些常识，结交若干朋友，度过若干岁月，如是而已。

以前曾经担过忧虑，因为自家是小学教员出身，知道小学的情形比较清楚，以为像个模样的小学太少了，儿女达到入学年龄的时候将无处可送。现在儿女三个都进了学校，学校也不见特别好，但是我毫不存勉强迁就的意思。

一定要有理想的小学才把儿女送去，这无异看儿女作特别珍贵特别柔弱的花草，所以要保藏在装着暖气管的玻璃花房里。特别珍贵么，除了有些国家的华胄贵族，谁也不肯对儿女作这样的夸大口吻。特别柔弱么，那又是心所不甘，要抵挡得风雨，经历得霜雪，这才可喜。——我现在作这样想，自笑以前的忧虑殊属无谓。

何况世间为生活所限制，连小学都不得进的多得很，他们一样要挺直身躯立定脚跟做人。学校好坏于人究竟有何等程度的关系呢？——这样想时，以前的忧虑尤见得我的浅陋了。

我这方面既然给了个“无所有”，学校方面又没有什么了不起的关系，这就拦到了角落里，儿女的生长只有在环境的限制之内，凭他们自己的心思能力去应付一切。这里所谓环境，包括他们所有遭值的事和人物，一饮一啄，一猫一狗，父母教师，街市田野，都在里头。

做父亲的真欲帮助儿女仅有一途，就是诱导他们，让他们锻炼这种心思能力。若去请教专门的教育者，当然，他将说出许多微妙的理论，但是要义大致也不外乎此。

可是，怎样诱导呢？我就茫然了。虽然知道应该往哪一方向走，但是没有往前走的实力，只得站在这里，搓着空空的一双手，与不曾知道方向的并无两样。我很明白，对儿女最抱歉的就是这一点，将来送不送他们进大学倒没有多大关系。因为适宜的诱导是在他们生命的机械里加添燃料，而送进大学仅是给他们文凭、地位，以便剥削他人而已。（有人说起振兴大学教育可以救国，不知如何，我总不甚相信，却往往想到这样不体面的结论上去。）

他们应付环境不得其当甚至应付不了的时候，一定会怅然自失，心里想，如果父亲早给点儿帮助，或者不至于这样无所措吧。这种归咎，我不想躲避，也没法躲避。

对于儿女也有我的希望。

一句话而已，希望他们胜似我。

所谓人间所谓社会虽然很广漠，总直觉地希望它有进步。而人是构成人间社会的。如果后代无异前代，那就是站在老地方没有前进，徒然送去了一代的时光，已属不妙。或者更甚一点，竟然“一代不如一代”，试问人间社会经得起几回这样的七折八扣呢！凭这么想，我希望儿女必须胜似我。

爬上西湖葛岭那样的山就会气喘，提十斤左右重的东西走一两里路胳膊就会酸好几天，我这种身体是完全不行的。我希望他们有强壮的身体。

人家问一句话一时会答不上来，事务当前会十分茫然，不知怎样处置或判断，我这种心灵是完全不行的。我希望他们有明澈的心灵。

说到职业，现在干的是笔墨的事，要说那干系之大，当然可以戴上文化或教育的高帽子，于是仿佛觉得并非无聊。但是能够像工人农人一样，拿出一件供人家切实应用的东西来么？没有！自家却使用了人家生产的切实应用的东西，岂非也成了可羞的剥削阶级？文化或教育的高帽子只能掩饰丑脸，聊自解嘲而已，别无意义。这样想时，更菲薄自己，达于极点。我希望他们与我不一样：至少要能够站在人前宣告道："凭我们的劳力，产生了切实应用的东西，这里就是！"其时手里拿的是布匹米麦之类；即使他们中间有一个成为玄学家，也希望他同时铸成一些齿轮或螺丝钉。

1930年11月作，刊《妇女杂志》17卷1号，署名郢生。

一个中学生的父亲的自杀

罕有的惨剧

儿子中学读书

学费无力筹措

父亲羞愤自杀

老北门内白衣街开设成衣店之严金清生有一子，名严海荣，生性聪慧。严亦愿为造就，不再使其继续旧业。故其子由初小而高小，现已升入民立中学肄业。唯中等以上学校，穷学生虽有志向学，但一笔学费，每无力筹措。而严海荣此次学费等项须八十元，严金清筹措多日，均以不能成数，愧对其子，深自怨艾，前日遂服鸦片而死。当由二区一分所令饬地甲投地方法院报请相验。亦一惨史也。

上月（三月）十日，上海《时事新报》载有上面一则新闻。

谁不爱惜自己的生命？但是为事势所困，境遇所迫，望见前面一团漆黑，绝无生路，竟肯用自己的手截断自己的生命：对于这种并非“悲哀”“伤心”等词儿所能形容的心绪，我们不能不表示甚深的同情。

自杀的人中间，智愚贤不肖千差万别；但是自以为此时此地再不能活下去，他们是一致的。规定这“自以为”的是社会的种种因素。

严金清君所怀的就是一般父亲的想望：付出本钱，“造就”儿子，使儿子超出常人之上，享受常人之上的生活。他知道进学校是实现这个想望的唯一途径，故而让他儿子由初小而高小而中学，一步步爬上去。但是他碰壁了，“学费等项须八十元”！筹措多日，竟毫无办法，他的想望破裂了。他正像牵着儿子的手爬上高峻的山，方在中途，他不由自主地松了手，使儿子除了滚下山去别无办法。爱着儿子的他怎忍目睹这样的惨遇呢？再说，他对于成衣这一行业大概是不满意的；那种辛劳酸苦的况味，只有他自己知道得最清楚，我们从旁设想总难免隔膜一层。他已经决意让儿子远离成衣这一行业，但是事实告诉他，远离是不可能的，他的儿子还得去尝他所饱尝的辛劳酸苦的况味。这不将很自然地涌起“永不得超升”的绝望的想头吗？于是他吞下那黑色的鸦片！

从学生诸君的来信里，我们读到许多艰苦的自述，家长为了筹措学费，借贷，抵押，卖掉仅有的薄田破屋，受到人家种种的奚落。这些家长幸而不像严金清君那样“不能成数”，否则说不定也会涌起与严金清君同样的想头的。

把遣送儿子进学校看作商业的投资，是一般父亲的心理。形成这种心理的是我们这个社会。在从前，读书，应科举，到现在，进学校，领文凭，是一脉相承的。而现在进学校尤甚，竟是与投资“二而一”的事。事实如此，做父亲的自然深切地意识到了。

进学校这件事的另一个名称是“受教育”。要是说受教育，那就决不是一种商业的投资。每个人在社会里都该作事，作事不能凭空地作，先得去受训练。这是受教育的最基本的意义。

现实的情形与这基本的意义距离得太远了。在学校毕了业，没有出路的，冻馁难免。幸而有了出路的，做的是虚空不落实甚至剥削别人侵害别人的事。而那些确实对社会尽力作事的，如农夫，如工人，却大部分不曾受过什么学校的“教育”。

要是向做父亲的劝说：“请不要存着投资的心理吧。”做父亲的将回答道：“事实是投资，有什么办法呢？我有一点可能的力量，总得去参加这种竞赛。”所以劝说是无用的。

还是从教育这方面改革吧。学校如果不收费，自然好得多；但并不是就没有问题，教育的本质的改革尤其紧要。教育要为全社会而设计，要为训练成对社会作点事的人而设计；教育决不能为挑选少数选手而设计，结果使这些选手光荣显耀，站在众人的头顶上，伸出手来，收受众人的供养。

正在“受教育”的学生诸君对于这意思觉得如何？诸君也许说：“理想的话解不开现实的结。”这话我也承认，但是真正的教育将来一定会涌现，我这样相信。

刊《中学生》杂志14号（1931年4月1日），署名郢生。

儿童年与儿童读物

儿童读物，群号为“儿童精神之粮食”。此名取义至当，用字甚确。盖所谓食品者，有珍错之供，嗜好之味，是皆非恒人所易致，进之且未必有裨于营养。今云粮食，悉摈此类而专举禾黍。禾黍为养生所需，无问贫富，日必资之，比喻儿童读物，弥复相似。纵父母不尽购读物以饷儿童。而穷乡僻壤，苟有一廛之学校，即见儿童读物之纵踪。儿童作息歌呼而外，展卷讽习，智慧于焉开展，性习于焉型成。儿童读物诚儿童之“粮食”，非糖果鲜橘水比也。

儿童年始于本月。出版家襄此盛举，皆刊布广告，以廉值发售儿童读物，俾儿童获沾便益，增进其精神之健康，斯意美善，良可赞叹。观各家儿童读物之目录，又复丛书如林，卷数累百。儿童瞻眺其间，尽堪择所爱好，放怀大嚼，祈愿儿童前途佳胜者，亦可以欣然自慰矣。

顾谛察各家儿童读物之宝库，自慰者即将转而自失。盖其时所发见者，是诸粮食未必有裨于营养也。彼禾黍之滋长，本于大自然之潜能，犹以人力之异施，而有品质之差。此所谓精神之粮食者，其长育无与于他力，品质高下，一断于耕耘之勤否。耕耘草草，斯成果庸庸矣。我尝综观各家儿童态胥陷于板滞。儿童悉呈呆相，工农皆成流氓。儿童喜观图画，一编到手，唯此为先。佳作莫逢，劣品亦复过瘾。然于其体物写生之能，正乃遏抑不鲜。图画教学至少成绩，自有众因。然未始不由于儿童读物之插图荒陋也。以上举其大者，若求详备，恐十万言犹未能罄。我非好为苛论，事实如是，掩饰何益。世不乏贤明之父母，良善之教师，通达之教育家。苟一问儿童读物之津，必且谓我见之未周，言之未尽矣。

于此即有二问题。是堆积盈仓之精神粮食，实乃徒存形貌，品质迥殊；宽泛言之，固可以丰足自豪；严谨言之，岂不几等于零耶。今值儿童年，而儿童精神之粮食等于零，堪以自失者，孰复过之？更进一步而为思维，是徒存形貌之精神粮食。固日日陈设于儿童之左右，俾随时取而吞之，其为害儿童之营养者几何，其阻遏儿童之生机者几何，虽有巧算，殆莫能预答。今值儿童年，而儿童正滥吞品质迥殊之精神粮食，以阻遏其生机，岂非尤堪自失者乎？

一物之发生及存在，不离时空之关系。我族此日而有徒存形貌品质迥殊之儿童读物，自有种种之原因，然著作家与出版家视之太轻，为之太易，要不能辞其咎。儿童读物固商品也，顾寻常商品，犹必期购者之适用，况儿童读物为儿童精神之粮食，能草草为之“出门不认货”耶？为小学教师未必易于设教大学，即可知编撰儿童读物未必易于传世之述作，名山之事业。不幸此基本观念为著作家出版家所忽视。若辈唯求产量之多，成货之速，遂令花花绿绿灿烂于书柜者，实乃同于无物，且甚于无物之读物。举其缺失约有数端。皇帝公主，摇笔即来；神仙鬼怪，连篇皆是；诡谋售欺，妄云智慧；行一小善，便致富贵；以异弱为美德，视力作为苦役……凡此之类，皆不适于当今之世，尤非宜于我族此日之儿童，不幸儿童读物中往往遇之：此意识不纯之弊也。布局简拙，观篇首而揣知结尾；立言空泛，虽终卷而弗留印象。儿童爱活动，喜变化，厌接浮谈，愿亲实迹。儿童读物不足以满其志，遂顾而之他，街头巷口累累陈列之连环图画，教育专家群以鸩毒视之者，转为儿童之恩物：此技术不修之弊也。造语遣辞，或违于名理；集言成文，或乖于语法；或杂乡土俚言，非他方人所克解；或竟信笔构句，非我国人所宿习，漫云仿效儿童口吻，实则儿童决无此语言。儿童久而习之，语言思维遂趋歧途，不特语文教学横生阻碍，各科教学亦皆蒙其影响：此文字不当之弊也。其为诗歌，亦多可指，往往诗趣毫无，印象莫睹。歌体操则曰："起得早，学体操。身体好，志气高。"歌景物则曰："红花开，蝴蝶来。好风景，真可爱。"或则堆砌警诫之文，若严父之训子；或则杂凑唇边之语，若滩簧之登台；徒求趁韵，不恤拗句；意在可解不可解之间，味在若有若无之中。其所与之观感，将使儿童恍然有悟。以为诗歌者，乃如是枯燥无聊之物，虽终其身而弗与为缘，又复奚所憾惜。然则儿童诗歌非第不足以陶冶性情，甚至为蔽聪塞明之具矣。其为图画，复少佳作，往往仅具轮廓，难言妙肖。他且不论，专言人物，勾勒不应乎解剖，神尤有弊患，良可叹也。

徒叹损人兴致，亦复无济于事。所冀者著作家与出版家及今觉悟，先立基本观念，儿童读物必须郑重出之；凡上述诸弊，必避之若浼，勿以昔之积几盈架者自夸富足，宜平心静气，逐一审察；速汰其尤劣者，而暂存其较可者；一方从头做起，别制佳品。此自非仓卒间事，他日佳品渐多，则并今之较可者而亦汰之。庶几儿童有品质纯良之精神粮食，其性习智慧，可得适度之营养。明达之著作家与出版家，其有意于此乎？自儿童年发轫，彻底改善儿童读物，亦大有造于儿童之举也。

刊1935年8月7日《申报·评论》，署名秉。

青年是不忧不惧的

现在有许多人欢喜向青年说教，又有许多人为着这一点忧虑起来，以为这会妨碍青年的自由的独立的思想，于是发为文章，谆谆劝勉；但是他们没有想到他们这样做也正是说教。前一批人是要青年有所“受”，后一批人是要青年有所“不受”；标的不同，其为说教是相同的。他们把青年看成一团烂泥，两手一搓就可以成圆，四边一夹就可以成方；而搓和夹的力量就是他们的说教。我们本着忠恕之心来说，前一批人当然是好心肠；他们觉得唯有他们所想的那一套是正确的路径，推己及人，不由得不叫青年跟着他们走。后一批人呢，好心肠挂到脸上来了；他们担心着青年的受害，不辞苦口婆心地说，这样是盲从，那样是乱来，情调的恳切，不输于最慈心最友爱的父兄。然而他们都忘了在根本上想一想，青年果真像一团烂泥吗？

青年果真能够两手一搓就成圆，四边一夹就成方吗？青年果真这样站不定脚跟，必须等候了人家的指导才会有思想吗？

我们大家离开青年时期还不远，对于青年的心情，自问还说得出一点。青年最富于“胞与”的感情。大同世界，理想国土，人人自由自在地生活着，谁也不欺侮谁，谁也不压迫谁，这是青年共有的憧憬。青年最看不过不平的事情。警察打黄包车夫，田主催租逼得佃户去寻死，青年无论如何恨着警察和田主，即使不站出来说一句话，也要咬着牙向他们看一眼。青年们最感激的是相见以诚。贤明的父母和教师，亲切地为着青年设想，或则加以开导，或则与以训斥，青年常常会淌下感动的眼泪。青年最反感的是随时随地碰到禁止：这个，你们动不得，因为你们经验还缺少；那个，你们看不得，因为你们意志还薄弱。听到这样的话，青年非常之难受，好像在嘴边被抢去了鲜美的食品，同时加强了必得想法来尝一尝的欲望。

青年的经验比较缺少，意志比较薄弱，这是当然的。但是青年自己很明白这一点，所以对于发生在周围的事情，切身的或是较远的，总爱看个仔细，问个清楚。对于各式各样的书报，总爱贪馋地拿来阅读，青年想借此丰富他的经验，锻炼他的意志。什么“左”，什么“右”，据说“就一般人看，中国人知识阶级在思想上现在所能走的路只有两条”；但是就大多数青年说起来，他们根本就没有想到“左”呀“右”呀这些模糊的标号，他们只知道本着自己的心情，去应付一切的事物，从个人私事到国家大事。教师、朋友、书报的熏染，固然不至于在青年思想上绝无影响，但影响是有限度的；如果这些熏染违反了青年的心情，青年就会给他们个不理睬。

所以，把青年看作一团烂泥，而想搓呀夹呀地给他们说教，纵使心肠非常之好，总不免忽视了青年的心情，总不免忽视了青年自己能够从实际生活中建立思想的这个事实。在这种忽视之下，那些青年有所“受”的说教如果违反了青年的心情，显然是徒劳；那些要青年有所“不受”的说教，唯恐青年中了什么毒害，也近乎“杞忧”。

青年是不忧不惧的，把握住心情，认真地生活，思想自会走上正当的大路。对于纷然四起的说教，自不妨谢谢这些人特别关心到青年的好意；但是斟酌的取舍之权，还在青年自己手里。

刊《中学生》杂志76号（1937年7月1日），未署名。

今年的“儿童节”

“儿童节”，多么含有生意的一个名词啊，看到这个名词，就会联想到草木的发芽，花朵的开放——儿童不是人类的嫩芽和花朵吗？

“儿童节”，多么欢欣鼓舞的一个日子啊！逢到这个日子，儿童被推为受祝贺的人物，好似寿筵上的寿翁，种种的享受供奉他们，还要举行种种运动，为他们谋福利，岂不是很快乐的吗？

本志本期出版的前一天，正是今年的“儿童节”。今年的“儿童节”可不同了。自从去年七月间对日本帝国主义抗战，到现在已经有九个月了，咱们的许多城镇沦陷在敌人手里，许多地方遭到了惨酷的兵祸，许多同胞在炮弹飞机焚烧残杀之下丧了命，许多生产机关和建设事业被摧残得不留踪影，总而言之，破坏和毁灭统治了一切，生趣和快乐好像离开了咱们的国土了。在这当儿提起“儿童节”这个富有生趣的名词，仿佛破衣服上绣上一朵彩花，很不相称似的。

咱们又知道，全国同胞目前正对着一个大目标努力，那就是抗战，有所思考，无非为抗战，有所动作，无非为抗战，怎样排除抗战的障碍，怎样争取抗战的胜利，这是大家所尽力的操心的事。在这当儿逢到“儿童节”这个欢欣鼓舞的日子，两相比较，好像并不怎样重要，大家或许会把这个日子轻轻放过，对于咱们的“小寿翁”并没有怎样的供奉，对于“小寿翁”将来的福利并没有怎样的顾及。

假如作上面所说的那样想头，其实是不对的。

“儿童是未来的主人翁”，这是一句老话，但是，只要说得有理，老话又何妨？请想想，目前的抗战是一串艰苦繁重的工作，这一串工作由少年人青年人中年人甚至老年人担负在肩膀上了，而战后的复兴工作将更为艰苦，更为繁重，那时候，现在的儿童不是也要打扮登场，各自在那一出伟大戏剧里担任一个角色吗？并且，咱们的抗战到什么时候为止，是没有人能够说定的，咱们只知道长期抗战，敌人的侵略一天不停止，咱们的抗战一天不罢休，假如咱们的抗战延长到五年十年，不是现在的儿童也得像少年人青年人中年人甚至老年人一样，把艰苦繁重的抗战工作担负在肩膀上吗？咱们所以有“最后胜利必属于我”的信念，咱们所以有“中华民族必定复兴”的信念，全在乎咱们有嫩芽似的花朵似的儿童。

发着嫩芽，开着花朵，草木的生意决不断绝；有着儿童，民族的生意决不阻遏。所以，虽然目前的情形好像破坏和毁灭统治了一切，而珍重地提起这含有生意的“儿童节”，实在并不见得不相称。即使是一处废墟，只要看得见嫩芽和花朵，将来的光景是无限乐观的。咱们要用这样的心情来纪念今年的“儿童节”。

其次说到儿童的享受。在平时逢到“儿童节”，境遇好一点的儿童可以吃到一点糖果，得到一点特别为他们设置的娱乐。这些本来没有什么道理，在这抗战时期，大家须把一切享受减到最低限度，儿童自然也无需乎有这种享受。但是，无论境遇好的境遇不好的儿童，有一种分内应得的享受，而在这抗战时期，这种享受尤其不可缺少，那就是身心双方的保育。现在的儿童在不久的将来就要担负艰苦繁重的工作，假如身心双方不经过妥善的保育，怎么成？我在本志前一期曾经说过，咱们的生活方式在这一回抗战中将完全改变了。儿童的生活方式当然也得改变，今后的儿童将不仅是家庭中的子女，学校中的学生，而必须同时是国家的儿童。国家要用儿童作抗战的复兴的后备队，必须通盘筹算，竭尽可能的力量，保育儿童的身心。至于直接负保育之责的父母和教师，也须认定这一个大目标，来保育所有的儿童。“儿童节”实在非常之重要，它可以催促大家去反省，策励大家去努力，使咱们的后备队长养起来。

咱们要用这样的观念来对付今年的“儿童节”。

刊《少年先锋》4期（1938年4月5H），署名叶圣陶。

跟高小和初中毕业同学的家长谈谈

现在我写这篇文章，要对高小和初中毕业的同学的家长说几句话。家长们愿意孩子升学，将来担负些重要的工作，一般说来是好意。但是这样的好意有想得不够周全的地方。譬如认为唯有升学才可以多学些本领，不知道不升学也可以多学些本领，这就是不够周全。又如什么样的工作才算重要，要是追问到底，恐怕也想得不大明白。不知道只要是对人民对国家有益处的事，全是重要的工作，全值得让孩子去干。

以下我准备分别对三类家长说话，一类是农民家长，一类是市民家长，一类是干部家长。

我知道有一部分农民家长这么想，农业生产劳动是苦事情，自己喜欢孩子，总望孩子摆脱这个苦事情，另外去干些轻松的工作。换句话说，就是希望孩子改行换业。我要直爽地说，这样的想法是错误的。从前当农民的确苦，种种的剥削压在肩膀上，压得气都透不过来，一辈子为人作马牛。但是解放以后接上来就是土改，农民成了土地的主人，又依据自愿原则组织起来，逐步走上互助合作的道路。互助合作的结果是生产显然提高，物质生活和文化生活更有进步，这都是大家亲身经历的事实。还有，新式的农具正在大量推广，在第一个五年计划里，就明白规定要加强拖拉机站、抽水机站的工作。这就是说，农业方面的沉重的体力劳动将逐渐由机械替代，将来的远景是农业劳动跟工业劳动一样，主要是操纵机械，不再是沉重的体力劳动。这么些活生生的事实摆在面前，农民应该体会到今后搞农业生产是越来越有好光景，跟“苦”字完全搭不上。在现在这时代还说农业生产是苦事情，分明是没有搞清楚现在跟从前的不一样，分明是把现在跟从前同等看待了。

也有人说干农业生产不光荣，是丢人的事情。请想一想，这是什么样人的想法？原来是地主的想法。从前地主不劳而获，只顾伸手拿来，他们自以为这样才是光荣，就说养活他们的农民不光荣。现在翻了身的农民怎么能照抄从前地主的想法呢？李富春副总理在关于发展国民经济的第一个五年计划的报告里说："发展农业是保证工业发展和全部经济计划完成的基本条件。"也就是说农业生产是社会主义建设的基本条件，干这样的事情还能说不光荣吗？所以我说认为农业生产是不光荣的想法也是错误的。

我知道一部分农民家长还有这么个想法，认为既然要搞农业生产，那何必学什么文化，何必在高小和初中里毕什么业。这种想法也是不对头的。各地的事实已经证明，高小和初中毕业生参加到农业生产合作社里去，确实起了很大的作用。他们在合作社里当会计，当技术员，从学校里学到的文化全用得上，合作社正需要这样文化程度的人呢。干惯农业生产的人固然有实际经验，可是现在的农业生产要提高，光凭经验是不够的，必须加上文化知识。这批毕业生带着文化知识回到农村，正所谓刚好合拍。他们干了一些时候，文化知识又加上实际经验，不正是推进农业生产的生力军吗？所以家长们应该为孩子有了高小或是初中的文化程度感到欢欣，尽可以让孩子试一试，看他们参加到农业生产里到底怎么样。我知道试过以后，家长们一定会满意地说："果然不错，没想到他真有这一手！"

我知道有一部分市民家长想法很单纯，认为在城市里又不能参加农业生产，孩子毕了业只有一条路，就是升学。

其实并非只有一条路。那么另外的路是什么呢？我说是就业。就业是个总的说法，分别开来说，“业”包括各行各业，那就很多很广了。所谓“就”，其实是学习的意思。说得确切些，就业就是在各行各业里头挑一样学习，学会了就干那一样。

我猜想有些家长会这么想，就业也很好，可是自己没法找到什么行业，要是政府能够包下来，那就好了，什么行业都乐意干。我要直爽地说，这种想法完全依赖政府，在目前的情况下是不切实际的。政府当然关心所有的人的工作，可是在发展国民经济的第一个五年计划的第三年，政府不可能把所有的人的工作都包下来，要是那样做，就把五年计划打乱了，那是绝对不能容许的。因此，家长们不应该存这种不切实际的想法，应该另外找实际的路。什么是实际的路呢？就是凭自己的劳动经历，通过亲戚朋友的关系，给孩子在各行各业里头挑一样学习。其次，家长干哪一样的，尽可以让自己的孩子也学哪一样。譬如家长擅长一行手工艺，就让孩子学这行手工艺，把所有的经验和窍门都教给他，加上他自己的钻研和历练，很有希望干得比家长更精。这不是很好的事吗？

解放以来，盛行物产交流，各地都有很好的手工艺品，一拿出来，全国人都非常喜爱。但是一问有多少人在那里制作，往往听说人手不多了，或者说只有几个年老人能做了。这一方面很需要补充后备力量。其他如中医、木工、铁工、理发工、修车工……哪一行不需要后备力量？家长们不替孩子尽心竭力地设法，自然觉得没有什么路，要是真能尽心竭力地设法，路就出现在面前了，而且不止一条。主要的理由是各行各业只要是有益于社会的，决不会消灭，只会随着社会生活的发展而发展，因而补充后备力量是经常需要的。

这些各行各业，有的已经组织起来，有的还只是个体劳动。但是按照国家的政策和社会的趋势，即使是个体劳动，将来也会逐步组织起来。如果问前途好不好，回答应该说好的。为什么好？因为组织起来之后，就跟产业工人和合作化的农民一样，大家合在一块儿，可以不断地提高所干的行业。参加各行各业的人也是挺光荣的，因为他们都是劳动者，各尽所能，供应社会的需要。假如把整个社会比作一架大机器，每个人就是大机器上的一个螺丝钉。每个家长都应该毫不犹豫地让孩子去做一个为祖国服务的螺丝钉。

我劝家长们尽心竭力地为孩子们设法，给孩子找一种行业，要是结果找不着，怎么办呢？那么让孩子自学，为将来参加生产劳动或是升学作好准备。去年上海有一万四千多个高小和初中毕业生在社会各方面的支持下努力自学，成绩很好，今年六月间举办自学成绩展览会，有很多创造性的制作。从这个例子就可以知道自学是有意义的，能够获得进步的。再说，现在党政和人民团体各方面都注意这件事，都在想方设法给自学的孩子具体的帮助，这也是自学有成绩的重要保证。

我首先要劝告家长们，不要认为把孩子留在家里是麻烦的事。请想一想，留在家里嫌麻烦，推了出去可以样样不管，这不是对孩子不负责任是什么？家长对孩子不负责任，在孩子的种种方面都有不好的影响，那是绝对不成的。

现在我要对干部家长说话了。听说有些干部家长有这样的想头，“我的孩子总该升学吧”，言外有“我的孩子”跟人家的孩子不同的意思。我特地提出来说，目的在警醒存着这种想头的干部家长，这种想头是思想上的毛病，我希望他们去掉它。谁也没有什么特权，在今天已经是常识了。升学并不高于一切，从事生产劳动是光荣的事情，不是也将成为常识了吗？

我们很多干部家长都是好家长，他们应该以身作则，照国家的政策办事。自己的孩子升不成学，就应该让他从事生产劳动。就业也不成，就应该暂时留在家里让他自学。这样办的时候不但妥善地安顿了自己的孩子，而且给群众作了实际的范例，宣传效果比利用语言文字更大。这是每个干部家长应尽的责任。群众见实际的范例很不错，很有道理，也就能妥善地安顿他们的孩子了。

现在各地升学考试举行过了，考试的结果已经发表。投考的孩子总有一部分考不上的，我要恳切地对他们的家长说以下的话。

第一，千万不要责怪孩子。学校名额有限，考不上不是孩子的过错。因此，既不该讥笑孩子，更不该打骂孩子。家长们要是认为我在前边说的那些话有道理，也就无所谓不痛快，也就决不会把没有过错的孩子讥笑或者打骂了。如果孩子情绪上有些不安，家长就应该好好地安慰他，把正确的道理告诉他，然后妥善地安顿他。如果孩子想得很明白，乐意在各行各业里头挑一样学习，乐意继续自学，家长更应该欣然赞同他，为他作种种努力。请想一想，是自己的孩子呢，是将来的社会成员呢，无论按家长的身份说，按公民的身份说，对孩子的事情都不能轻率出之。唯有依照国家的政策和教育的原理办事，才是最正确最妥善的途径。

第二，千万不要埋怨政府。国家办学校招学生都有计划，这些计划既照顾了人民眼前的利益，又照顾了人民长远的利益；既考虑了人民的要求，又考虑了目前的条件。那么，说为什么不多办些学校，就有点儿无理埋怨的意味了。谁要是不明白道理，随便说这种无理埋怨的话，就会对革命事业造成不利，而且，很容易为暗藏的反革命分子所利用。试想这不该特别警惕吗？所以说，每一个好家长都应该跟人民政府一条心，共同为孩子克服困难，帮助他们走上正确的道路。

1955 年 8 月 6 日作，刊 18 日《中国青年报》，署名叶圣陶。

带点儿教育意味的事都一样

善于教育的父母教幼儿自己穿衣自己洗脸，做种种的事，只要是幼儿做得到的，至多给他们做点儿准备帮点儿忙，决不替他们代劳。

为什么说这样做的父母善于教育呢？因为他们懂得独立生活对子女的重要意义，又能在子女的幼儿时期就用适当的方法培养他们独立生活的能力。所谓适当的方法，不难了解，也不难办，只要是子女做得到的，就让他们自己做，决不代劳——如此而已。

幼儿成儿童，儿童成少年，少年成青年，培养连续不断，能力继长增高。不但能自己穿衣，而且能自己管理衣衫鞋袜了。不但能自己洗脸，而且能自己洗衣服自己收拾房间了。跑进公园，懂得怎样尽情地玩，也懂得怎样不妨碍人家的玩了。跑进市场能挑选自己需要的东西，又能顾到节约、实用、优良这些条件了。客人来了，能亲切地招待，无论谈一件事情，说一段闲话，都能表达真诚了。到什么地方去旅行，怎样买车票买船票，怎样投宿，怎样照顾行李，怎样采风问俗，都能头头是道了。

上边说的只是举几个例，要把一切说尽是办不到的。能这样能那样的总和是什么呢？不就是有了独立生活的能力吗？换一句通常的话说，不就是会料理个人生活吗？

人人会料理个人生活，当然对自己有很大好处，而且不仅对自己有很大好处。这个道理极浅显，不必多说。

但是，现在有一部分青年不会料理个人生活。谁都可以从自己熟识的青年朋友里头想到一两个，就拿上边提起的几项事情来说，他们未必能样样都做到家。

不会料理个人生活，岂止不会料理个人生活而已；连上边提起的几项事情也不能样样都做到家的人，试问，装了满脑子的知识，能把知识灵活地运用吗？走上了什么工作岗位，能把工作胜任好吗？恐怕未必吧。料理好这些看来似乎很琐屑的日常生活，要运用各色各样的知识，要作切切实实的锻炼。这一方面既不成，那一方面能保一定成吗？

这儿不准备说，青年朋友如果发觉自己不会料理个人生活该怎样着急，怎样努力补救。这儿只想说，既然有一部分青年不会料理个人生活，教育青年帮助青年的人不能不动动脑筋，找些有效的办法来补救。

在学校里，在少年青年团体里，号召和说道理的讲说是并不少的。不信，可以随便找个少年或是青年来问，他准会回答你，“要学会料理个人生活”“为什么要学会料理个人生活”，这样的讲说听得发腻了。但是听了讲说不保证准会料理个人生活。因为料理个人生活跟其他的工作一个样，要动手动脑筋，如果手和脑筋贪图休息，所听的讲说再多也不起作用。

还有一种办法恐怕也不起多大作用，就是靠集体的监督。有些团组织号召青年花钱互相监督，把钱存在别人处，可以说是这方面的极端的例子。这种办法大概跟古语所谓“蓬生麻中，不扶自直”意思相同，可不能保证绝大多数都是麻，只有极少数是蓬。这种办法还有个缺点，不相信每个人能独立做好什么事，所以学习要大伙儿一齐来，修养要大伙儿一齐来，甚至料理个人生活也要大伙儿一齐来；不知道这些事情固然可以交流经验，彼此提意见，但是实做起来，非各人自己动手动脑筋不可，旁人一点儿也不能代劳。

教育青年帮助青年的人是不是可以在这样那样的讲说之外，相信青年能独立做好什么事呢？完全可以，例证也不难找，只要看善于教育幼儿的父母。要是他们不相信幼儿能自己穿衣，自己洗脸，那么，他们的子女逐渐长大起来，非但不一定能把衣服穿整齐，把脸洗干净，连其他种种的事也不一定能自己料理了。

让青年自己动手动脑筋，料理个人生活吧。只给他们做点儿准备帮点儿忙，不要超过这个限度吧。

给他们做点儿准备帮点儿忙，最重要的该是“身教”。这就是说，教育青年帮助青年的人自己要善于料理个人生活。凡是带点儿教育意味的事都一样：自己做不到的，别教人家做，自己教人家，要想收到效果，就得自己做出榜样来。如果团组织的干部全都严格要求自己，做到善于料理个人生活，那就是开风气，立榜样，对青年是最有效的准备和帮忙。

1956年8月29日作，刊《中国青年》18期，署名叶圣陶。

篇四 自我教育：“为己”的教育

这种自己求得知识的本领，有老师指引固然容易长进，没有老师指引，也可以在不懈地探索中练成。光是自己探索当然要多费力气，然而是值得的，因为自己探索得来的往往更为深刻。

为了达到不需要教

我想，教任何功课，最终目的都在于达到不需要教。假如学生进入这样一种境界，能够自己去探索、自己去辨析、自己去历练，从而获得正确的知识和熟练的能力，岂不是就不需要教了吗？而学生所以要学要练，就为要进入这样的境界。

给指点，给讲说，却随时准备少指点，少讲说，最后做到不指点，不讲说。这好比牵着孩子的手教他学走路，却随时准备放手。我想，在这上头，教者可以下好多功夫。

1977年12月26日作，署名叶圣陶，武汉师院所办之《中学语文》约稿。

“为己”

——给青年同学

任何事情只怕不想，如果肯想，没有想不明白的。

住学校，当学生，学习各种功课，所为何事？——对于这个问题，凡是当学生的都该想一想，想明白了，一天天的用心用力才有意义。否则自己都莫名其妙，想是胡想，动是盲动，不说别的，这样的生活也太无聊了。

咱们先这样想起，一个人遇见任何事物，不懂得它的道理，着手任何种事，不懂得它的做法，这样的人要得要不得？那是无知无能，当然要不得。为什么说当然要不得？因为做一个人必须与事跟物打交道，打交道必须凭藉知和能，你不懂得道理和做法，交道就打不成，你的生活必将一塌糊涂，这如何要得？

世间的物非常多，各有各的道理；世间的事非常多，各有各的做法。一个人要完全懂得一切的道理跟做法，正像庄子所说“以有涯逐无涯”，事实上必然办不到。可是咱们也并不要完全懂得一切的道理跟做法，咱们可以用执简御繁的办法，把所谓道理跟做法分为若干门类，提纲扼要地懂得它们，懂得了纲要之后，待碰到个别的物跟事的时候，就可以用比照和类推的方法分别对付，往细密处精深处再加研求。

学校里的各种功课就是这样来的。简单说一句，各种功课就是一切道理跟做法的分类的纲要，咱们生活中，无论物质方面或精神方面，凡是必需的道理跟做法，各种功课都有涉及；所以说是一切道理跟做法的纲要。咱们生活中，物跟事纷然而至，并不标明什么是什么；学校里的功课可分了门类，数学科专讲关于算术的道理跟做法，公民科专讲关于公民的道理跟做法，其他准此；所以说是一切道理跟做法的分类的纲要。

学习了各种功课，咱们可以懂得许多物的道理。这所谓懂得，不仅能够挂在口头“摆”一阵，而且能够心领神会，真个了解其所以然，学习了各种功课，咱们可以懂得许多事的做法，这所谓懂得，不仅能够一是一二是二的说出来，而且确然能够这么做，这么做化成了自身的习惯。

懂得了许多的道理跟做法，咱们的生活才丰富，才美满，就日常说，咱们决不会存着迷信的念头，说出无理的言语，作出狂妄的举动。就事业说，咱们种田就能把田种好，做工就能把工做好，总括一句，做任何事业都能够守分尽职。就人伦说，咱们做儿女能尽儿女之道，做公民能尽公民之道，如果做父母，就能尽父母之道，作领袖，就能尽领袖之道。以上把丰富的美满的生活约略加以说明。咱们现在学习各种功课，就为要增长咱们的知跟能，实现这样的生活。

孔子说："古之学者为己，今之学者为人。"为己，就是说所学都归自己受用，生活从而丰富美满。为人，就是说所学跟生活不发生关系，学如未学，徒然说些空话，摆个空架子，使人家误认他已经学了。孔子这个话，慨叹他当时的学者学而不得其道，学如未学，又何必学，诚然可以慨叹。咱们从此应该相信，事不论古今，学必须"为己"才行。

咱们认定了"为己"这个标的，然后去学习各种功课，情形就大不相同。咱们将不再以为做功课仅是"读书"，只须记得牢，背得出，答得出老师的考题，取得到及格的分数。书固然要读，可是印在书本上的不过是各种道理跟做法的记录，最要紧的一步还在把这些道理跟做法化作咱们的知跟能。说到“化为”，光是“读”决不济事，必须随时随地使各种功课跟咱们的思想行为打成一片才成；打成一片是咱们自己的受用，咱们不但要知道必须如此，而且要乐于做到如此。“知之者不如好之者，好之者不如乐之者”。到了“乐之”的阶段，凡是所学的东西还有不是“为己”的吗？

1943 年 1 月 4 日作，刊《四川学生》月刊 1 卷 2 期，署名叶圣陶。

自　学

同学们在小学里已经学了五年或者六年；进了初中之后要学三年；初中毕了业，如果进高中或者进职业学校，还要学两年或者三年。学了这十来年，学到的知识和技能是不是够用一辈子了呢？品德的修养是不是已经到家了呢？对于这两句问话都不能做肯定的回答。知识和技能还不够充分适应工作和生活的要求，有些方面甚至还差得很远；至于品德修养，那是没有止境的，谁也不能说“我够了，再不必要修养了”。

所以同学们一定要努力学会自学的本领，养成自学的习惯。只知道捧着课本死记硬背是没有用处的，至多只能应付考试。学会了自学的本领，养成了自学的习惯，将来离开了学校，才能在工作和生活中不断地自我充实，自我修养，成为有益于人民的人，有益于社会的人。

1983 年 1 月 27 日，为《中学生》出刊 400 期而作，署名叶圣陶。

自己受用

我们求各种知识，练各种能力，不是为了装点门面。装点门面是可做可不做的事情，做了外表好看，固然不算坏，可是不做也不关紧要。我们求各种知识，练各种能力，是为了供自己受用。除了跟自己捣乱的人，谁不希望知识广，能力强，一辈子受用不尽。要实现这种希望，求与练的事情就非做不可。

什么叫受用？请举两个例子来说，原先你常常伤风，鼻酸喉痛，非常难过。后来你有了卫生知识，你应用了卫生知识，随时当心你的衣着，护卫你的呼吸器官，你不大伤风了，这就是受用。原先你写信写不好，满头大汗写了大半天，还是前言不搭后语，非常痛苦。后来你的表达能力增进了，想起心思来有条有理，说起语言来句句顺适，你给任何人写信，都能够把你的情意写得清清楚楚，这就是受用。

不懂得卫生知识，不练成发表能力，你一辈子也得不到受用。懂得了练成了之后，你一定可以一辈子受用。无论何种知识何种能力都如此。

为了供自己受用，我们才去求知识，练能力：这一点必须认识清楚。认识清楚之后，一个学生自然知道上学不为遵从父兄的督促，不为应酬学校的招徕，上学原是自己的事情，也自然知道上学的目标不为分数，不为文凭，不为某级学校毕业生的名目，却为的充实自己的生活。这才是正当的学习态度。即使不在学校里的，只要他还在那里求知识，练能力，也应当抱这样的学习态度。

这样的学习态度为什么好？第一，是自己的事情，一定搞得很切实。不大明白，非弄个明白不可。怀有疑问，非彻底究明不可。技术生疏，非努力练熟不可。这样切实地去干，成绩当然不会差。其次，抱这样的学习态度的，学习必然与生活关联在一起。一般的毛病，学习与生活脱离了关系，学习的是一套东西，生活所凭依的是另一套东西，学了植物学可以不辨菽麦，练了好几年的作文可以写不来一封书信。现在知道为了生活才要学习，当然只有一套东西了，那套东西就是生活里的种种项目，凡学习的无非这生活里的种种项目。又其次，抱这样的学习态度的，随时可以得到受用。知识懂得透彻了，能力练得精熟了，用来应付生活，就比先前大不相同。这是当场兑现，立时受用。知识的界限无穷，能力的发展无限，一个人永远抱着这样的学习态度，就永远有新的收获，永远有新的受用。

1947 年 12 月 26 日作，刊《开明少年》31 期（1948 年 1 月 16 日），署名编者。

立志自学

高中毕业生只有一小部分进大学，这种情形在本世纪内大概不会有根本的改变。进不了大学没有多大关系，有志气的青年可以自学。进大学固然可以学到知识，可不能说不进大学就无法学到知识。学习是自己的事。自己要学习，在任何环境里都能够自学，都能够学到切实有用的知识，何况如今社会各方面正在努力为青年们提供各种形式的自学条件。如果自己不要学习，进了大学也未必真能够学到什么，甚至可以说肯定学不到什么。花上四五年取得一张文凭，只是有了一张文凭而已，在实际工作中却抵不上一个真肯学习又真会学习的中学毕业生，这样的例子并不是没有。

知识无穷无尽，古人就有“知也无涯”的话。大学分院分科分系，一个人进了大学，学到的知识只是很小的一个角落，深度和广度都还不够：从消极方面说，还不足以充分适应工作和生活的需要；从积极方面说，还不能有所创造，有所前进。所以大学毕业之后还是要自学，在工作和生活中自学，根据工作和生活的需要自学。许多真有成就的人，他们的知识绝大部分是自己学来的，并不是坐在课堂里听来的。

老师对学生是极有帮助的。所谓帮助，主要不在于传授知识，而在于引导学生自己去求得知识，也就是引导学生自己去发现问题，自己去解决问题。这种自己求得知识的本领，有老师指引固然容易长进，没有老师指引，也可以在不懈的探索中练成。光是自己探索当然要多费力气，然而是值得的，因为自己探索得来的往往更为深刻。

我不是说进大学不管用，只是说进了大学，学习还得靠自己；毕了业还得努力自学，永不休歇。在立志自学这个问题，进不进大学并无不同。

1981 年 10 月 28 日，原载 1981 年 11 月 5 日《中国青年报》

本作品中文简体版权由湖南人民出版社所有。
未经许可，不得翻印。

图书在版编目（CIP）数据

教育为了什么/叶圣陶著. —长沙：湖南人民出版社，2022.5（2023.3）
ISBN 978-7-5561-2705-4

I. ①教…　II. ①叶…　III. ①叶圣陶（1894-1988）—教育思想—文集　IV. ①G40-092.7

中国版本图书馆CIP数据核字（2021）第085971号

JIAOYU WEILE SHENME
教育为了什么

著　　者：叶圣陶
出版统筹：陈　实
监　　制：傅钦伟
责任编辑：毛泳洁　姚忠林
责任校对：唐水兰
封面设计：袁　芳

出版发行：湖南人民出版社有限责任公司［http://www.hnppp.com］
地　　址：长沙市营盘东路3号　邮　　编：410005　电　　话：0731-82683357

印　　刷：长沙鸣翔印务有限公司
版　　次：2022年5月第1版　印　　次：2023年3月第2次印刷
开　　本：880 mm × 1230 mm　1/32　印　　张：7.875
字　　数：130千字
书　　号：ISBN 978-7-5561-2705-4
定　　价：42.00元

营销电话：0731-82683348（如发现印装质量问题请与出版社调换）